KB230828

B2C영업 블루오션시리즈 1

영업 기초

잠자는 고객의 욕구를 깨우고
마음을 얻어라!

2018
개정판

B2C영업 블루오션시리즈 1

영업 기초

잠자는 고객의 욕구를 깨우고
마음을 얻어라!

송균석 · 노진경 지음

이담
Books

개정판을 내며

대학교를 졸업하고 처음 시작한 일이 "개인의 성공계획서 작성"이라는 미국의 자기 개발서인 성공매뉴얼을 판매하는 일이었다. 영업에 대한 지식이 전무한 상태에서 시작한 영업이 지금은 영업실무자들을 대상으로 영업에 대한 강의를 하는 수준에까지 이르렀다. 돌이켜 생각해보면 처음 영업을 할 때는 영업에 대한 이해도 없이 무조건 열심히 사람을 만나면 성과를 올릴 수 있을 것이라는 기대로 일을 한 것 같았다. 그러면서 나름대로 영업을 잘할 수 있는 방법을 찾고자 책을 읽어보기도 했지만 내가 원하는 답을 주는 책을 만나기 어려웠다. 대부분의 영업 관련 책들은 특정한 영업상황에 대한 대응법과 대화 및 화법, 설득기법, 도전, 열정, 끈기 등등에 대한 내용이었다. 이러한 것이 영업실무자들에게 매우 필요하다는 것을 인정하면서 열심히 읽고 활용하려고 무척이나 애를 쓴 것 또한 사실이다. 하지만 내가 원했던 것은 영업도 하나의 업무인데 이 업무를 올바르게 준비하고 수행하기 위해 필요한 프로세스와 매뉴얼과 같은 것이었다.

이때 다행스럽게도 내가 만난 것이 카네기 훈련 프로그램이었다. 이 훈련 프로그램을 B2B고객과, B2C고객을 대상으로 영업하면서 카네기 프로그램 영업매뉴얼과 영업시나리오를 만났고, 영업매뉴얼과 영업시나리오의 가치를 알게 되었다. 다른 업무와 마찬가지로 영업매뉴얼은 영업의 기초체력과 능력을 다지는 것이다. 기초가 튼튼해야 다양한 상황에 대한 대응력을 발휘할 수 있다는 것을 카네기 훈련 프로그램에서 만난 세일즈 키트를 통해서 알게 되었다.

이러한 경험을 토대로 지금은 영업실무자들을 대상으로 강의하면서 내가 가장 강조하는 것은 영업에 대한 기본적인 지식, 기술 그리고 태도이다. 고객을 접촉하고 상담을 하며, 계약을 받기까지의 영업 상황은 시시각각으로 변한다. 이 모든 상황에 적절하게 대응하고, 고객을 만족시키며, 고객을 설득하는 데 성공해야만이 영업에서 성과를 올릴 수 있다. 가끔은 강의에 참석한 분들 중에 내 강의가 너무 기본적인 것이라는 평을 한다. 하지만 영업경험이 1년이든, 5년이든 아니 10년이든 고객을 발굴하고 접촉하며 반대를 극복하고 설득하는 과정은 똑같다는 것이 나의 생각이다. 경력이 많으면 상황에 대처하는 능력이 좋아질 뿐이다. 10년 경력을 가진 영업실무자 혹은 관리자가 만나는 고객이 10년을 거래한 고객이 아니며, 신규고객도 있다. 따라서 어떠한 고객이든 처음 만나서 계약을 받을 때까지 영업업무의 기본적인 프로세스는 어떤 영업실무자든 충분히 갖추어져 있어야 한다는 것이 나의 생각이다.

B2C영업 블루오션 시리즈를 쓴 지도 5년이 지났다. 그동안 많은 분들이 이 책을 통해 영업에 대한 기초체력을 쌓는 데 도움이 되었으리라 생각을 한다. 개정판을 다시 준비하면서 좀 더 실제적이고 현업에 활용 가능하면서도 영업의 기초체력을 쌓는 데 많은 도움이 되는 내용을 수정, 보완 및 추가하였다. 책이나 교육훈련이 필요한 이유 중 하나는 시간의 흐름과 경험을 통해 배울 수 있는 것을 짧은 시간에

학습할 수 있고, 이를 통해 경험학습비용을 최소화할 수 있다는 것이다. 경험학습비용을 줄인다는 것은 그만큼 시간을 효과적으로 활용할 수 있다는 것을 의미한다. 물론 이 책의 모든 내용이 독자들의 영업 현실과 다소 차이가 날 수 있다. 그 차이를 메우는 것은 독자들이 이 책의 내용을 잘 소화해 스스로 자신의 영업상황에 활용할 수 있는 새로운 아이디어를 발굴하는 것이다.

영업은 누구나 할 수 있지만 아무나 최고의 영업실무자가 되지는 않는다. 영업은 운이 좌우하는 것이 아니다. 철저한 준비와 계획, 전략과 전술이 병행되어야 한다. 이번 개정판을 통해 영업에서 성공을 꿈꾸는 많은 분들이 영감을 얻고 또 새로운 지식과 기술을 얻었으면 하는 간절한 바램을 가져본다.

노진경 경영학박사

머리말

영업업무를 시작한 지 얼마 되지 않는 신입 영업사원 고길동!

상사와 선배들의 말을 따라 고객을 열심히 만나고 회사의 카탈로그 등으로 입이 아프도록 설명해도 고객은 쉽게 구매하지 않는다. 매장을 찾아온 고객이든 자신이 만나러 간 고객이든 고객을 만나 상품의 특장점을 제대로 설명하면 계약을 받을 줄 알았는데……. 선배와 상사에게 어떻게 하면 좋을지 물어봐도 "영업은 시간이 해결하는 것이다. 열심히 하다 보면 요령이 생길 것이다. 그때까지 참아라"는 대답만 한다. 가끔씩 긍정적인 반응을 보이는 고객에게 어떻게든 계약을 받으려고 임기응변, 즉 때로는 테크닉(책임지지 못하는 것을 약속하는)을 동원해서라도 고객을 설득하고자 시도하였지만 쉽지가 않다.

어느 날! 오늘도 고길동은 고객을 만나 상품 설명을 열심히 한다. 그런데……

고객: "자! 당신 이야기는 다 알고 있으니 그만하고 내가 왜 당신이 설명하는 제품을 구매해야 하는지 설명해 주세요. 내가 얻는 이익이 뭔가요?"라고 질문한다.

고길동: "예! 무슨 말씀인가요? 이 제품은~한 특성이 있기 때문

에……" 하면서 계속 상품 설명을 한다.

고객: "그래서요? 내게 어떤 도움이 되냐고요?"

고길동: (고객이 가격이 비싸서 이렇게 나오는가라는 생각이 들어) "그럼 가격을 10% 깎아 드릴 수 있습니다."

고객: "가격을 깎아 주는 것은 고마운 일인데…… 아무튼 내가 사야 할 이유가 명확하지 않네요. 다음에 이야기하지요" 하면서 자리를 뜬다.

고길동은 이 고객과 상담에서 무엇을 실수하고 있는가? 어떻게 하면 고객으로 하여금 구매하도록 할 수 있을까? 많은 영업실무자들이 고민하는 문제일 것이다. 특히 개인 고객을 대상으로 B2C영업활동을 하는 영업실무자에게는 고객 한 명 한 명을 설득하기가 쉽지 않다는 것을 알고 있을 것이다. 따라서 이러한 영업실무자들에게 도움이 되는 영업의 기본을 이 책을 통해서 알려 주고자 한다.

미리 강조하지만 비즈니스의 성과는 스킬이 결정한다. 스킬을 몸에 익히기 위해서는 알아야 하고 기억해야 하는 지식이 있다. 그 지식을 연습을 통해서, 그리고 자신에게 맞는 응용력을 활용해서 자신의 것으로 만들어야 한다. 영업에 왕도는 없지만 정도(定道, 반드시 알아야 하는 지식들-고객의 니즈 이해, 영업의 가치, 설득원칙 등)는 있다. 이 책은 그 정도의 지식과 방법, 구조, 도구들을 알려 준다. 이 책을 읽는 영업실무자는 이 정도의 지식과 기술을 자신의 것으로 만드는 책임이 있고 그렇게 되면 자신이 원하는 성과를 올릴 수 있을 것이다.

노진경 경영학박사

Contents

Part 2.　고객과의 커뮤니케이션

제1장 고객을 파악하는 커뮤니케이션의 달인이 되라

Part **1**

이것이 영업이다

제 1 장

영업환경 변화와
영업패러다임의 혁신

일반적으로 "영업은 상품과 서비스를 판매하는 것이다"라고 말들을 한다. 맞는 이야기이다. 하지만 이 정의는 고객중심이 아니라 기업 그리고 영업실무자 중심이다. 고객은 영업실무자의 판매행위에 의해서 상품과 서비스를 선택하는 것이 아니라, 자신의 필요와 욕구를 충족하기 위해 상품과 서비스를 구매하는 것이다. 최근 모 저축은행은 광고 메시지를 "대출을 받는다"라는 메시지를 "대출을 삽니다"라는 메시지로 바꾸었다. 고객은 이자를 물고 대출을 산다는 개념으로 기업 중심에서 고객 중심으로 바꾸면서, 대출은행을 고객이 선택한다는 것을 강조하였다. 이제 영업마케팅의 모든 메시지는 고객의 필요를 자극해서 스스로 구매를 결정하고 관심을 가지며 흥미를 유발해 고객이 스스로 구매를 결정하도록 하는 내용으로 바뀌어야 한다.

여기서, 영업이라는 업무가 존재하는 이유는 무엇일까? 에 대해 생각해 보자. 만일 자사가 개발한 상품과 서비스의 경쟁사 혹은 대체재가 없고, 고객이 자발적으로 자사가 정한 가격으로 자사가 판매되기 원하는 만큼 제품을 구매를 한다면 마케팅 활동(광고, 홍보 등 프로모션 전략과 판매채널 전략)으로도 충분할 것이다. 게다가 자사가 개발한 제품이 탁

월한 기술적인 우위를 가진 유일한 제품이라면, 이 또한 고객이 자발적으로 매출을 일으켜 줄 것이다. 그러면 경쟁도 치열하지 않을 것이고, 영업실무자들은 고객의 구매요청에 효과적으로 대응만 하면 된다.

하지만, 현실에서는 다양한 이유(고객의 트랜드 변화, 욕구의 다양화, 경쟁사의 출현, 글로벌, 고객의 구매전략의 변화, 대체품의 출현 등)로 시장에서 일어나는 매출이 기업이 기대하는 만큼 발생하지 않는다. 오히려 기업의 적극적인 영업/마케팅활동이 없다면 매출은 줄어들 것이다. 이를 극복하기 위해 기업들은 더 많은 유통채널을 확보하고 광고와 홍보활동의 강화 등에 더 많은 투자를 하여도 매출은 늘 변동을 하고 기대에 못 미친다. 특히 다양한 마케팅 활동이 주요 판매방식인 생활 소비재의 경우에는 마케팅 노력만으로 원하는 만큼의 고객을 확보하고 매출을 올리는 데 한계가 있다. 이는 고객이 지혜로워졌고, 인터넷과 SNS의 발전으로 정보불균형의 문제가 해결되어 고객의 선택을 받기가 점점 어려워지고 있기 때문이다.

이러한 어려움을 극복하기 위해 기업들은 고객접점(매장에서든, 방문을 통해서든)에서 상품과 서비스의 가치를 인식시키고 경쟁사보다 차별화된 요소를 부각해 고객의 선택을 요구하는 영업활동이 점점 중요해지고 있다.

영업의 유형은 크게 B2C영업과 B2B영업으로 구분된다. B2C영업은 고객을 중심으로 영업활동(자동차, 보험 등)을 하며, 매장을 찾아오는 고객들(전자상가, 전문점-하이마트, 디지털 프라자 등)을 대상으로 하는 점두판매, 개인 고객을 대상으로 하는 방문영업활동(방문판매) 등 다양한 영업형태가 있다.

B2B영업은 루트(판매채널)를 관리하는 영업활동, 대리점이나 소매

상을 중심으로 하는 영업활동, 대형 할인점 등을 중심으로 하는 영업활동, 프랜차이즈(대부분 음식업종)를 관리하는 영업활동과 산업재 또는 중간재, 부품, 원부자재, IT기술, IT솔루션 등 개별 기업을 대상으로 하는 영업활동과 유통채널(대리점 등)을 중심으로 하는 영업활동이 있다. 제약영업의 경우에는 병원, 약국, 대리점 등을 대상으로 영업활동을 한다.

어떠한 유형의 영업이든 영업활동은 영업실무자가 고객을 직접 만나 상품과 서비스를 소개하고 고객을 설득해 비즈니스 관계(거래관계)를 맺는 적극적인 활동을 요구한다. 영업활동의 대상인 개인(최종고객, 개인 자영업자-대리점 등)이나 기업들은 하나 이상의 궁극적인 구매목적이 있다. 그 목적은 기업 고객인 경우에는 경제적인 목표(매출향성, 이익확보 등)를 달성하는 것이다. B2C영업의 대상인 소비자(개인고객)인 경우에는 비즈니스 목적이 아닌 개인적인 생활의 편리함을 위해 구매하는 고객들로 삶에서 얻고 누리고자 하는 필요와 편리함 그리고 채우고자 하는 욕구가 궁극적인 목표이다.

이러한 목표달성을 위해 요구되는 자원인 상품과 서비스를 고객(기업이든 개인이든)은 자신이 직접 생산할 수 없기 때문에 가격(대가)를 지불하고 외부시장에서 구매한다. 때로는 자발적으로, 때로는 영업실무자의 제안에 의해(영업실무자의 제안이라고 해도 근본적으로는 고객의 필요/욕구가 있어야 한다) 구매를 결정한다. 즉, 어떤 경우의 구매든 고객들은 자신의 필요와 욕구 충족을 위해 구매를 하는 것이다. 이 책의 주제인 B2C 영업활동의 고객인 개인은 자신의 삶의 질을 올리고 불편함을 제거하는 것이 구매의 목표(물리적인 이익, 심리적인 이익, 사회적인 이익 등)이다. 이 목표달성을 위해서 요구되는 기능과 성능 등의 특징을 가진 상품과 서비스를 기업들로부터 구매한다. 이 구매가 자발적으로 일어날 수도 있고 그렇지 않을 수도 있다.

때로는 고객은 자신의 욕구와 필요가 무엇인지 모를 수도 있다. 설사 안다고 하더라도 자신의 필요와 욕구를 해결할 수 있는 제품과 서비스가 있는지조차도 모를 수 있다. 신뢰가 떨어지는 화려하고 과장된 광고와 정보 과다로 선택을 망설이거나 포기할 수도 있다. 제품과 서비스에 대한 지식이 부족할 수도 있다. 그래서 최선보다는 차선을 선택하기도 한다. 자신들이 더 많은 경제적인 이익과 더 나은 삶의 질과 편리함을 누릴 수 있는데 그 방법을 모를 수도 있다. 안다고 하더라도 여러 가지 이유로 구매를 연기하거나 포기하거나 다른 선택을 하기도 한다. 대부분의 소비재기업의 경우 이러한 문제를 마케팅활동으로 해결하고자 한다. 즉, 다양한 판촉활동, 할인행사, 유통채널 확보, 광고/홍보 등으로……. 이러한 마케팅 활동의 한계는 모든 결정을 고객에게 맡기는 것이다. 그러다 보니 마케팅 활동에 많은 비용을 투자하여도 원하는 만큼의 이익이나 매출이 오르지 않는 것이 대부분의 B2C기업들의 현실이다. 이러한 어려움을 극복하고 매출증기와 이익확보를 위해 영업실무자가 고객을 직접 찾아가거나, 혹은 영업장으로 찾아온 고객과 상담을 통해 고객을 설득하는 영업활동(판매활동)이 요구된다.

영업은 마케팅의 기본전략인 4P 전략의 프로모션 전략 중 인적 판매활동이라고 한다. 하지만 영업업무를 수행하는 방법이나 목표, 전략, 전술 등, 영업의 성과를 위해 요구되는 역량들은 마케팅 지식과 기술과 전혀 다르다. 영업실무자가 영업을 올바르게 이해해야 하는 이유가 여기에 있다. 따라서 영업에 대한 새로운 이해와 성과향상(매출향상과 이익확보/보호)을 위한 지식과 기술들 그리고 영업현장에서 발생하는 다양한 상황에 대한 이해와 대응능력, 고객의 유형과 스타일에 따른 대응능력 등 영업의 전반적인 부분을 새로운 관점에서 조명해 본다.

1. 영업환경의 변화

개인을 대상으로 영업활동을 하는 B2C영업의 업무환경은 한마디로 표현하기 어려울 정도로 급변하고 있다. 이 글을 읽는 이 순간에도 어느 기업은 경쟁사 고객을 유치하거나 더 많은 시장개척과 신규 고객을 확보하기 위해 전략을 구상하고 실행할 수도 있을 것이다. 어떤 고객은 자신이 원하는 상품과 서비스를 더 좋은 품질, 더 좋은 조건으로 구매하기 위해 인터넷을 서핑하고 있을 수도 있다.

B2C영업 실무자들은 이러한 영업환경이 주는 과제를 지혜롭게 대응할 수 있어야 한다. 우선 영업환경들이 어떻게 변화하고 있는지에 대해 살펴보자.

① 치열한 경쟁
② 고객의 전략적 구매 및 구매력 변화
③ 고객의 니즈 및 트랜드 변화
④ 새로운 대체재 출현
⑤ 새로운 제품의 탄생
⑥ 새로운 경쟁사 출현
⑦ 글로벌 시장으로의 확대
⑧ 거시환경의 변화

⑨　고객의 구매력 한계 및 구매력 확대

⑩　새로운 욕구를 가진 고객의 출현

⑪　혼족과 혼밥, 혼술족 증가

⑫　출산율 저하

⑬　라이프 스타일의 변화와 다양화

⑭　다양한 유통채널의 탄생과 확대

⑮　인터넷과 SNS를 활용한 판매채널 탄생

⑯　기술의 평준화

등이다. 이러한 영업환경의 변화로 기존의 수요 중 사라지는 수요가 발생함과 동시에 새로운 수요가 나타난다. 그리고 이러한 변화는 고객들의 구매패턴과 구매의 의사결정에 직접적인 영향을 주고 있다.

모든 영업이 마찬가지겠지만 B2C영업의 경우 경쟁의 치열함은 말로 표현할 수 없을 정도로 과열되어 있는 것이 현실이다. B2C영업의 상품과 서비스는 대부분 고객들의 생활과 직결된다. 보험, 자동차, 정수기, 화장품, 전자제품, 금융상품, 의류 등등이 B2C영업의 상품과 서비스들이다. 이들 제품과 서비스를 생산하는 기업들은 더 많은 고객을 확보하는 데 혈안이 되어 있다. 이러한 경쟁환경은 같은 회사의 영업실무자 간에도 동일한 고객을 두고 경쟁을 유발하기도 한다.

B2C영업의 고객인 소비자들의 목표 중 자신의 필요를 채우는 것 외 또 다른 하나의 목표는 구매비용을 줄이는 것이다. 이를 위해서 소비자들은 더 좋은 제품을 더 좋은 조건으로 판매하는 영업조직과 영업실무자를 선호한다. 가격을 깎기 위해 다양한 구매전략을 활용한다. 이들은 공동구매, 역경매 방법 등을 통해 자신들의 구매비용을 줄

이고자 판매자들 간의 경쟁을 부추기기도 한다. 소비자들의 트렌드 역시 삶의 라이프 스타일에 따라 수시로 변화를 한다. 물론 대부분의 경우 지금보다 향상된 라이프 스타일을 추구한다. 이는 새로운 제품과 서비스에 대한 시장을 형성하기도 한다. 이렇듯 B2C고객의 욕구와 니즈는 다양한 요인에 의해 생겨나기도 하고 사라지기도 한다.

기술의 평준화와 기업들의 경쟁전략은 새로운 대체재의 출현을 부추긴다. 고객의 욕구를 충족시켜 주는 유일무이한 제품과 서비스는 존재하지 않는다. 이것은 고객의 욕구 또한 다양하기 때문이다. 같은 노트북이라 하더라고 고객에 따라 그 욕구가 얼마나 다양한가! 기술의 평준화와 기술융합은 새로운 제품을 개발하거나 경쟁자를 쉽게 시장에 뛰어들게 한다. 과거와는 달리 독점적인 제품을 가진 기업이 이 독점의 혜택을 오랫동안 누릴 수 없다는 것이 이 사실을 증명한다. 글로벌 경제로의 확장은 더 많은 대체재를 불러오고 더 많은 강력한 경쟁자를 탄생시켰다. 물론 새로운 시장과 고객을 만들어 내기도 한다. 그리고 인터넷이라는 기술은 더 쉽고 빠르고 정확하게 상품과 서비스에 대한 다양한 정보를 공유하게 한다. 물론 영업의 방법(홈쇼핑, 인터넷 쇼핑 등)을 확장시켜 주기도 한다. 이러한 흐름은 고객들에게 구매의 다양한 혜택(선택의 다양성, 구매비용 절감, 구매시간 단축 등)을 준다. 하지만 이러한 것들이 영업실무자들에게는 극복해야 할 엄청난 과제이고 도전이다. 물론 멋진 기회도 숨어 있다. 발견하기만 한다면……. 긍정적인 면으로는 인터넷과 SNS 기술의 발전은 영업실무자들에게 더 많은 시간과 공간 그리고 거리와 비용의 한계를 극복하고, 더 왕성하면서 전략적인 영업활동이 가능하게도 해 준다.

이렇게 급격하게 변화하는 영업환경에서 목표를 달성하고 유능한 영업실무자가 되기 위해서는, 더 많은 지식과 능력들이 요구될 것이고, 영업활동의 수준 또한 혁신하지 않으면 안 될 것이다.

2. 영업의 역할과 가치

1) 영업의 역할

"영업이란 무엇인가?"라는 질문을 필자는 강의할 때 자주 던진다. 필자의 강의에 참석한 대부분의 영업실무자들은 "영업은 판매를 하는 것이다"라는 답을 한다. 맞다. 하지만 지금부터는 이 정의를 바꾸어야 한다. 영업은 상품과 서비스를 판매하는 것이 아니다. 어떤 경우든 상품을 팔 수는 없다. 판매가 되도록 해야 한다. 이를 위해 필자는 영업이라는 활동을 재정의하고자 한다.

또 다른 질문을 한다. "고객들이 왜 자사의 상품과 서비스를 구매하는지? 그것을 통해 그들은 어떤 이익을 얻고 어떠한 문제를 해결하는지를 아는가?"라는 질문을 많이 던진다. 대부분의 참석자들은 "자신들이 필요하니까 구매를 한다"고 한다. "그럼 그 필요가 무엇인가?"라는 질문에는 명쾌한 대답(고객이 구매를 하는 결정적인 이유)을 하지 못한다. 그리고 또 하나의 중요한 화두로 "고객의 구매력과 필요 중 어느 것이 더 중요한가"라는 질문을 던진다. 이 질문에 대해서는 거의 7:3 정도로 구매력이 더 중요하다고 답을 한다.

이 글을 읽는 당신은 어떻게 대답을 하겠는가? 지금쯤이면 독자들은 그 답을 예상할 수 있을 것이다. 고객은 자신의 필요를 충족시키기 위한 수단과 도구로써 상품과 서비스를 구매하는 것이지, 영업실무자의 화려한 언어에 설득을 당해 자신에게 필요하지도 않은 제품을 구매하지 않는다. 설령 그렇다 하더라도 고객은 자신이 필요해서 구매를 하였다고 자기 합리화를 한다. 영업실무자는 이 사실을 기억하여야 한다. 가격이 싸다고, 영업실무자가 깎아 준다고 자신에게 필요도 없는 상품 혹은 서비스를 구매하는 고객은 거의 없다. 가격이 부담이 되더라도 자신에게 필요한 상품과 서비스라면, 고객은 어떠한 방법으로든 자신의 구매력 문제를 해결해 상품과 서비스를 구매한다. 그 대표적인 예로 들 수 있는 것이 "명품계"이다. 왜 소비자들은 친구들과 명품계를 만들겠는가? 바로 자신이 원하는 제품을 구매하기 위한 구매력 문제를 해결하기 위해서이다. 따라서 영업실무자가 혹은 기업이 고객의 구매력 문제를 자발적으로 해결해 주어서는 안 된다. 이 말은 상품과 서비스를 판매하기 위해서 미리 가격을 깎아 주어서는 안 된다는 것이다. 고객이 지불하는 가격은 곧 영업의 목표 중 하나인 마진을 결정하기 때문이다. 기업이 마진을 포기한다면 고객의 구매력 문제를 100% 해결해 줄 수 있을 것이다. 그래서 그 결과는?

때로는 기업이 고객의 구매력 문제를 도와 주고자 가격을 할인해 주거나, 할부로 결제하도록 하기도 한다. 이는 기업이 더 많은 상품과 서비스의 매출을 올리고 시장 점유율 확보를 위한 자신들의 목표달성을 위해 전략적으로 활용하는 것이다. 이는 기업이 전략적으로 결정을 하는 문제이지, 영업실무자가 임의대로 가격을 깎아 주어서는 안 된다는 것이다. 이를 위해 기업들은 가격을 깎아 줄 수 있는 권한을 영업실무자에게 주지도 않거나, 주더라도 극히 제한적으로 준다.

기업의 대표자인 영업실무자는 매출을 올림과 동시에 매출에 대한 마진, 즉 이익을 최대로 확보 혹은 보호하는 것이 주어진 사명이자 목표이다. 기업 입장에서 마진을 어느 정도는 포기할 수 있다. 즉, 고객을 확보하거나, 시장 점유율을 올리고, 경쟁을 극복하게 위해서 가격을 깎아 줄 수도 있고, 할부라는 결제방법을 택할 수도 있다. 하지만 어느 경우든 기업 경영을 위해 요구되는 마진은 확보하여야 한다.

이러한 성과달성을 위해 영업실무자의 사명은 자사가 생산한 제품과 서비스(정해진 SPEC)를 고객에게 맞는 메시지(개별 고객의 니즈와 욕구를 충족시키고 문제를 해결해 주는)로 전달해 자사의 매출을 올리고 마진을 보호하고 확보하는 것이다. 영업실무자의 가장 이상적인 목표달성은 회사의 표준매조건(마진 100% 확보)으로 고객이 구매하도록 하는 것이다.

기업의 모든 업무와 기능은 그 자체로 매우 중요하다. 이러한 기업의 모든 업무와 기능은 결국 자사의 경쟁력을 확보하고 매출 목표달성에 집중되어야 한다. 자사의 모든 내부업무 활동의 결과인 상품과 서비스를 고객이 구매하지 않는다면 어떠한 문제가 초래되겠는가? 이 문제를 해결하기 위해 영업실무자는 가망 고객을 발굴하고 찾아가 구매를 설득하는 영업활동을 전개하는 것이다. 기업의 지속적인 성장과 발전에 필요한 가장 중요한 자원인 돈을 벌어오는 직접적인 활동을 영업이 하는 것이다. 물론 다른 부서의 지원과 참여가 있어야만 영업조직의 목표달성이 가능해진다.

그럼 영업이란 무엇일까? 영업이란 "고객의 니즈/욕구를 발굴해 자사의 상품과 서비스가 니즈/욕구 충족을 위한 최선의 해결책임을 알려 고객이 스스로 구매하도록 설득하는 비즈니스 활동이다." 따라서 영업실무자는 고객에게 자사 상품과 서비스의 가치를 제대로 전달해 고객이 필요에 의해 스스로 구매결정을 하도록 설득하는 역할을 한다.

또 영업실무자들은 자사의 역량과 가치(고객의 문제해결과 욕구충족)를 시장과 개별고객에게 알려, 구매를 유도함과 동시에 고객과 시장이 원하는 것을 자사의 관련부서에 전달하는 정보제공자로서의 역할도 한다. 시장에서 자사의 경쟁사를 파악해 자사의 경쟁력을 강화할 수 있는 아이디어를 자사에 전달하는 역할도 한다. 이를 통해 새로운 시장을 개척하는 기호를 확장하고, 자사의 경쟁력과 경영범위를 확대하는 데 도움이 되는 시장과 고객들에 대한 정보를 제공한다.

결론적으로 영업실무자는 회사의 모든 능력을 기반으로 고객을 발굴하고 접점에서 고객을 설득하는 영업활동을 하며, 경쟁사의 공격을 극복해 고객을 유지하고 경쟁사 고객을 자사 고객으로 유치하는 비즈니스 최전선의 전투원이자 회사를 대표하는 역할을 한다. 이러한 중요한 역할을 하는 영업실무자를 아무런 준비 없이 시장에 내 놓아서는 결국 자사의 실패(고객유치 실패 및 고비용 영업활동)로 끝날 것이다. 영업실무자 스스로도 이러한 역할의 중요성을 인식하고 효과적이면서도 효율적인 영업을 위한 노력(자기개발과 준비)을 하여야 한다.

영업의 존재이유는 영업실무자의 개인적인 능력과 자사의 역량을 중심으로 시장과 고객을 이해하고 고객을 확보해 기업의 성공에 기여하는 것이다. 그리고 영업은 다른 어떤 업무보다 영업실무자 개개인의 역량과 인간적인 매력을 모두 발휘할 수 있는 기회를 준다. 신규 시장과 고객을 발굴하고, 경쟁사 고객을 자사로 유치하며, 기존 고객에게 추가 판매를 하고 경쟁사의 공격을 받는 기존 고객을 보호하며, 새로운 지역 또는 사회계층으로 비즈니스를 확대하는 매력이 있다. 이를 통해 새로운 시장의 흐름과 고객의 트랜드를 누구보다 빨리 파악할 수 있어야 하고, 다양한 영업활동(제안서, 프리젠테이션, Cold Call, 시연, 협상/흥정 등)에 요구되는 역량을 개발하고 발휘할 수도 있다.

또한, 고객으로부터는 그들의 비즈니스와 생활의 문제를 해결해주는 전문가로 인정받을 수 있어야 한다. 이것이 가능한 이유는 고객들이 기꺼이 많은 돈을 주고 제품과 서비스를 구매하는 이유가 어디 있겠는가? 자신들 일상의 편의와 불편함의 제거, 생활의 문제 해결, 삶의 목표 달성을 위해 구매를 하기 때문이다. 즉, 영업실무자는 고객에게 자신의 문제를 해결하는 방법을 알려 주고, 고객들이 원하는 목표를 달성하는 데 방해가 되는 장애물을 제거하는 방법과 목표를 달성하는 방법(상품과 서비스의 가치)을 알려 주어 고객의 풍요로운 삶을 지원해 주거나 라이프 아이덴티티 구축을 도와 주는 전문가인 것이다.

이렇듯 유능한 영업실무자는 고객의 기대에 맞는 전문가로서의 능력과 기술, 지식을 쌓아야 한다. 고객이 반기는, 고객이 만나기를 기대하는, 고객을 찾아가면 기다리는 전문가가 되어야 한다. 영업의 성과를 올리기 위해 요구되는 능력과 지식은 말을 잘하거나 순간순간을 넘기는 임기응변을 잘하는 능력에 있는 것이 아니다. 자사의 상품과 서비스 그리고 자사의 역량으로 영업실무자가 만나는 고객의 일상생활과 삶의 편리함, 고객의 라이프 트랜드 변화와 변화된 욕구의 충족, 고객이 해결하고자 하는 문제와 달성하고자 하는 목표를 달성하도록 지원할 수 있도록 연결하는 능력(고객의 필요에 맞는 제안을 하는 그래서 고객 스스로 구매하도록 하는)이 요구되는 것이다. 이런 영업의 역할을 고객으로부터 인정받기 위해, 영업실무자는 자사의 상품과 서비스 그리고 자사의 역량이 고객의 니즈를 어떻게 충족시켜 주고 문제를 해결하는지를 논리적으로 전달할 수 있는 지식과 능력을 철저하게 갖추어야 한다. 나는 이를 제품지식 또는 가치제안이라고 한다.

여기에 더해서 영업실무자는 인간적인 매력도 갖춰야 한다. 특히 B2C영업의 고객은 대부분 개인들이다. 이 개별 고객과의 우호적이고 신뢰가 구축된 인간관계는 B2C영업의 성공의 핵심요소 중 하나이다. 외모도 중요하지만 더 중요한 것은 공감하는 능력, 고객의 마음을 여는 능력, 고객의 고민을 이해하고 함께 해결하려는 태도, 고객의 마음을 움직이는 화법 등이 요구된다.

2) 영업의 가치

영업실무자는 자사의 상품과 서비스(상품으로서의 서비스)로 고객이 가진 문제를 해결하는 방법과 그 이익, 고객이 원하는 욕구(니즈)를 충족하는 방법과 그 이익을 설득력 있게 제안해 고객이 스스로 구매하도록 하는 비즈니스 전문가임을 강조하였다.

따라서 영업실무자의 능력과 성과는 자신의 경력개발뿐 아니라, 기업의 성장과 발전의 토대인 매출과 이익을 확보하는 중요한 역할을 한다. 즉, 영업실무자의 성과는 고객에게뿐 아니라 자사에게도 중요한 가치를 갖는다. 이를 정리하면 영업은 고객에게,

① 생활의 문제 해결
② 삶의 불편함 제거 및 편리함 확보
③ 자신의 개성 표현
④ 사회적 관계 유지와 강화-준거집단의 인정과 소속되기
⑤ 개인적 목표달성-현재와 미래안정, 자기 정체감 충족 등

⑥ 개인의 경쟁력 확보

⑦ 경력 개발

⑧ 라이프 스타일 강화

⑨ 구매비용의 합리적인 절감

등의 가치를 제공하며, 이는 고객이 영업 실무자의 제안을 검토하고 구매를 결정하는 동기와 요인, 즉 "고객의 니즈"가 된다. 또한 영업은 기업에게

① 목표달성-매출향상을 통한 조직의 지속가능성 확장

② 매출 이익률 보호, 확보(계약서의 성과 수준 향상) ➔ 재투자 역량 강화

③ 새로운 시장 및 고객 확보

④ 고객관리를 통한 기존 고객 유지 및 거래 강화/확대

⑤ 새로운 시장 개척과 기회 탐색

⑥ 신제품 개발의 아이디어 제공

⑦ 자사의 목표달성 지원-성장과 확대 경영의 자원확보

등의 가치를 제공한다.

영업실무자는 자신의 역할이 자사뿐 아니라 고객에게도 자신이 생각하는 것보다 훨씬 가치 있고 중요한 것임을 인식하여야 한다. 영업 업무를 바라보는 시각 또한 혁신적으로 바꿔야 한다. 상품과 서비스를 판매하려 하지 말고, 고객이 스스로 구매하도록 고객의 이익과 혜택, 편리함 등의 가치를 논리적이고 설득력 있게, 자신감과 확신을 갖

고 제안하는 영업활동을 전개할 수 있어야 한다.

3. 바람직한 영업활동

영업의 성과는 조직의 성장과 발전에 직접적인 영향을 미친다. 영업실무자들은 자신들의 성과(매출과 이익률) 달성과 향상에 모든 것을 집중해야 한다. 다른 업무도 마찬가지이지만 특히 영업의 경우 성과 달성을 하지 못하면 그 영향은 직접적이고 치명적으로 조직의 성장과 발전에 부정적인 영향을 미친다.

영업실무자는 영업의 성과(매출)에 집중하는 만큼 이제는 성과(매출)의 효율성(이익률)도 고려하여야 한다. 이것은 매출의 이익률, 비용 대비 성과를 무시해서는 안 된다는 것이다. 동일한 금액의 계약서를 받아오더라도 각 계약서의 이익률은 다를 경우가 많다. 바람직한 계약서는 당연히 이익률이 높은 것이다. 이 이익률은 판매 조건이 결정한다. "판매조건 중 가장 중요한 것이 무엇인가?"라는 질문을 하면 대부분 "가격이다"라고 대답한다. 맞는 말이다. 하지만 이 말이 고객에게 가격을 깎아 주는 영업을 하라는 의미는 아니다. "가격이 제일 중요하다. 고객에게 상품을 판매하려면 일단 가격이 싸거나 깎아 주어야 한다"고 영업실무자로 하여금 인식하게 만드는 것은 고객이 아니라 영업실무자 스스로이다. 즉, 고객은 구매비용 절감이라는 가장 중요한 목표를 쉽게 달성할 수 있는 방법으로 가격에 대해 저항을 한다. 가치로 고객의 구매욕구를 자극하지 못한 영업실무자는 가장 쉬운 설득의 도구인 가격을 깎아 주는 영업을 하게 된다. 게다가 영업실무자는 지금 만나는 고객에게 빨리, 많이 비싼 가격으로 별다른 반대나 저항 없이 판매를 하려 하지만, 고객은 이와는 반대의 반응을 보인다. 즉, 고객은 필요한 제품을 필요할 때, 필요한 만큼, 자신의 방식대로 자신이 원하는 조건으로 구매하려 한다. 이 둘의 기대와 인식, 목표, 방법의 차이를 극복하지 못하는 영업실무자는 조건영업이라는 유혹에 빠질 수 밖에 없다. 특히 기업들은 이익수준을 중요하게 여기면서 이익률 향상이라는 업무목표를 세우지만 결국 매출지상주의에 무릎을 꿇고 만다. 이러다 보니 영업실무자는 고객과 심리적인 게임을 해야 하는 협상(흥정)을 가급적 하지 않으려 한다. 고객을 불편하게 하는 것보다 이익률이 떨어지더라도 빨리 판매하는 것이 좋다는 생각을 가진다.

하지만 이러한 상황이 역전되는 경우도 있다. 즉, 기업의 표준 판매조건(100% 마진 확보조건)대로 구매하는 고객도 있지 않은가? 그들은 왜 그렇게 하겠는가? 당신의 대답은 무엇인가?

따라서 고객이 자신의 구매력 한계를 이야기하면서 가격을 깎아 달라고 하더라도, 영업실무자는 판매의 이익률을 생각해 다양한 조건들을 활용해 판매조건을 유리하게 이끌어 낼 수 있어야 한다. 이를 위해서는 가치영업과 협상(흥정)영업을 구분하고 그 수행역량과 수행방법을 알아야 한다. 가장 이상적인 영업활동의 성과는 회사의 표준 판매조건대로 계약을 받는 것이다. 즉, 협상(흥정)을 하지 않고 상품과 서비스의 가치를 고객이 그대로 인정하고 처음 조건대로 구매하도록 하는 것이다. 이것에 대해서는 앞으로 계속 강조할 것이고 달성이 쉽지는 않지만 그 방법에 대해 하나씩 알아보기로 한다.

또한 영업활동과정에 투입한 영업비용(시간, 기회비용, 유류, 접대, 제안서 제공과 수정, 샘플 제공, 과도한 판촉제공 등등)이 높은 판매

계약서는 그렇지 않은 판매계약서에 비해 이익률이 떨어질 것이다. 영업조직과 영업실무자는 영업의 효율성을 올리기 위해 영업비용에 대해 신경을 써야 하고, 영업비용대비 성과를 강화하는 활동대비 성과가 높은 영업활동을 기획하고 실행하여야 한다. 이를 위해서 영업업무를 혁신하고, 영업실무자가 올바른 영업성과를 위해 어떤 활동을 해야 하는지 파악해 그 활동의 성과와 핵심 역량을 정의하고 그 활동을 최고로 수행할 수 있는 훈련과 툴, 도구들을 개발하여야 한다. 예를 들어 신규고객을 발굴한 후 상담약속을 잡기 위한 전화를 거는 횟수와 성공률을 분석해 보라. 전화를 거는 것이 얼마나 비용이 들어가는가라고 생각한다면 그 생각부터 버려라. 일반적으로 알고 있는 통화료 외 기회비용(다른 고객에게 전화를 걸지 못하는 것, 방문시간이 줄어드는 것, 기존고객의 문의에 늦게 대응하는 것, 실패에 따른 심리적인 위축 등등)이 엄청나다는 것을 알아야 한다. 약속을 잡기 위한 전화 성공율을 높일 수 있다면 가시적인 통신비용을 줄이는 것 외 기회비용을 줄이거나 성과지향적인 활동에 집중할 수 있을 것이다.

4. 고객이 원하는 영업활동과 영업실무자

"고객은 어떤 영업실무자와 일을 함께하고 싶어 할까?" "고객들은 왜 영업실무자의 방문을 반기지 않을까?" 그리고 "가끔은 고객이 먼저 영업실무자를 찾는 이유는 무엇일까?" 이 물음에 답을 하기 전에 한 가지 더 질문을 하고자 한다. 그 질문은 "영업실무자로 당신은 고객을 얼마나 이해(고객의 비즈니스, 생활의 고민, 구매과정, 달성하고

자 하는 목표, 라이프 스타일, 준거집단 등)하고 적절한 준비를 한 상태에서 고객을 방문하는가?"이다. 고객이 "왜 왔는가? 어떤 제품인가? 왜 내가 구매를 해야 하는가? 내게 이익이 있는가? 누가 구매를 하였고, 그들은 어떤 이익을 보고 있는가? 내가 참고할 수 있는 기존 고객은 누가 있는가? 내가 구매를 한다면 내 주변 사람들은 어떤 반응을 보일까?"라는 질문을 할 때 고객의 흥미를 유발하고 구매를 고민하게 하는 메시지를 던질 수 있다면, 당신은 고객을 만나 상담할 준비가 되었다고 볼 수 있다.

하루 일과 중 고객을 방문하고 고객에게 전화를 거는 활동은 영업실무자의 주요 업무 내용이고 일과 중 상당한 부분을 차지한다. 아니 거의 다가 아닌가 한다. 하지만 고객은 자신의 일과 중 영업실무자를 만나는 일이 어느 정도의 비중을 차지할까? 대부분의 경우 고객의 일정에 영업실무자를 만나는 것이 거의 포함되지 않는 것이 사실이다. 고객이 영업실무자의 방문을 요청하였거나 만날 필요를 갖고 있는 경우에는 물론 일과에 포함된다. 문제는 이러한 경우가 거의 없거나 드물다는 것이다. 있다고 하더라도 고객은 이것을 영업실무자가 알기를 원하지 않는다.

아직도 "영업활동은 몸으로 때우는 것이고, 일단 많이 그리고 자주 방문하다 보면 영업의 기회가 올 것이다. 한 번 만나준 고객은 끈질기게 물고 늘어져야 한다. 고객을 방문하는 데 고객의 상황을 고려하지 말고 무조건 찾아가라. 고객은 잘 모르니까 화려한 언변으로 고객을 구워 삶아야 한다. 고객이 말을 많이 하게 하지 마라. 경쟁사는 무조건 깎아 내려라. 자신의 상품과 서비스가 최고라고 이야기하라. 필요하면 조건을 양보하고 가격을 깎아 주라. 고객은 가만두면 결정하지 않는다. 따라서 기회가 될 때마다 고객을 자극하고 흔들어야 한다. 때로는 임기응변으로 고객을 설득도 해야 한다. 책임은 나중에 어떻게든 해결하면 된다" 하는 관점으로 영업업무를 바라보고 그렇게 활동을 한다면, 영업업무는 지겹고, 힘들며 하기 싫고, 벗어나고 싶은 업무라고 단정할 것이다. 우리가 버려야 하는 잘못된 과거의 패러다임이다.

오늘날의 산업과 시장에서 상품과 서비스가 존재하고 거래가 일어나는 것은, 그 제품과 서비스를 어떠한 이유로든 필요로 하는 고객(사람, 기업)들이 있기 때문이고, 그들이 기꺼이 구매를 하기 때문이다. 그 과정이 고객 스스로 판단을 하고 의사결정을 한 것이든, 누군가의 소개에 의해서든, 영업실무자의 활동에 의해서든…… 이 사실이 시사하는 바는 고객은 자신이 필요로 하는 상품과 서비스는 스스로 구매한다는 것이다. 과거 공급이 수요를 따라가지 못했을 때는 이러한 구매는 저절로 발생하였다. 고객들에게 상품과 서비스의 존재를 알리기만 하면(마케팅-홍보) 매출이 보장되었다. 심지어는 고객이 알아서 찾아온다. 하지만 오늘날의 현실은 다르다. 공급이 수요를 초과하고 있다. 고객들이 현명해지고 전략적으로 구매를 하며, 경쟁제품과 대체재가 다양하고, 다양한 도구와 매체를 통해 상품과 서비스를 비교 분석하고 구매 의사결정을 한다.

여기서 다시 강조하지만 영업실무자가 알아야 중요한 사실은 수요가 공급을 초과하든, 공급이 수요를 초과하든 고객은 자신의 필요에 의해 상품과 서비스를 구매한다는 것이다. 영업은 이러한 고객을 발굴하고 그들의 필요와 니즈 및 욕구를 채워줄 수 있는 상품과 서비스를 1:1로 고객을 만나 구매를 유도하는 활동이다. 뒤에서 자세하게 알아볼 것이지만 고객이 원하는 것은 상품과 서비스의 SPEC이 아니고 자신의 필요를 채워주고 문제를 해결하는 제품과 서비스의 가치이다.

고객은 자신의 필요를 채워줄 수 있는 해결책을 가진 영업실무자를 원한다. 자신의 상황을 이해하고 이와 관련된 필요(문제해결)를 해결해 줄 수 있는 영업전문가를 원한다. 자신의 시간을 기꺼이 투자하도록 하는 그리고 돈도 기꺼이 지불하게 하는 가치 있는 정보로 상담을 전개하는 영업실무자를 원한다. 자신의 말(상품, 서비스 자랑 등)만 하는 영업실무자보다는, 고객의 말을 경청하는 영업실무자를 원한다. 고객은 자신이 배울 수 있는 지식과 능력을 갖춘 영업전문가를 원한다. 자신의 관심사와 문제와 욕구, 그리고 필요와 니즈를 중심으로 커뮤니케이션을 할 수 있는 영업실무자를 환영한다. 경쟁사와 경쟁제품을 비난하지 않고 인정하면서도 자신의 상품과 서비스에 고객의 흥미와 관심을 끌어내는 수준 높고 성숙한 영업실무자를 원한다. 고객의 시간을 소중하게 생각하는 영업실무자를 원한다. 고객은 영업성과가 뛰어난 영업실무자와 일을 하기를 바란다. 자신의 일을 좋아하고 사랑하는 영업실무자가 고객에게는 매력이 있다. 인간적인 매력(이미지, 태도 등)과 비즈니스 매너를 갖춘 영업실무자를 원한다. 처음과 끝이 한결 같은 일관성 있는 영업실무자를 원한다. 계약 후를 더 소중하게 여기는 영업실무자를 원한다. 모든 약속을 철저히 지키는 영업실무자를 원한다.

한마디로 고객은 자신이 원하는 능력과 태도 그리고 매너를 갖춘 영업실무자와 일을 하고 싶어 한다는 것을 모든 영업실무자는 알아야 한다. 남들이 다하는 열심히 일을 하는 것이 아니고, 제대로 열심히 일을 할 수 있어야 한다. 스스로 공부하고 자기 개발을 하여야 한다. 고객과 고객의 업무와 비즈니스에 대해 심각한 토론을 할 수 있을 정도의 지식을 쌓아야 한다. 자신의 인간적인 매력을 개발하여야 한다.

다음은 어느 고객이 영업실무자에게 보낸 편지이다.

- 수신: 모든 영업실무자들에게
- 발신: 최고의 고객

여러분들은 늘 나의 소중한 시간을 내 달라고 하였습니다. 여러분들도 일을 하는 비즈니스 전문가들이니 그런 것이라고 이해합니다. 그러나 나에게 시간을 내 달라고 하는 모든 영업 실무자를 만난다면 나는 나의 일을 할 시간이 없습니다. 나는 이 사실을 여러분들도 이해하리라 믿습니다. 여러분이 아래의 조건에 부합된다면 나는 여러분이 만나자는 요청에 응하겠습니다.

- 나의 욕구, 경험, 업무, 라이프스타일 그리고 해결할 문제 등에 대해 알기 전에는 그 어떤 것도 팔려고 하지 마시오.
- 거래를 하자고 나를 몰아세우지 마세요. 그렇게 하면 나는 더욱 냉담해질 것이오. 왜 내가 구매해야 하는지 나의 입장에서 설명하시오.
- 경쟁자를 비난하지 마시오. 건설적이고 실질적인 비교는 무방하지만 터무니없는 비방은 삼가시오. 그것은 내게 아무런 도움이 되지 않는다오. 판단은 내가 하는 것입니다.
- 간단하고 명료하게 그리고 확신을 갖고 말하시오. 횡설수설은 참기 힘듭니다. 논리적으로 전문가답게 말하시오.
- 판매하려는 상품의 **SPEC** 자랑보다는 최고의 해결책과 문제해결 가능성, 내가 얻을 수 있는 혜택에 대해 제안하시오. 당신의 이익과 자랑이 나에게는 관심이 없다는 것을 아시오. 매력적인 제안을 하시오.
- 내가 배울 수 있는 사람이 되시오. 내 일에 대해 공부하고 내 분야에 관심이 있다는 것을 보이시오. 내 분야의 미래에 대해 알고 오시오. 그렇지 않으면 나는 설득을 당하지 않을 것이오.
- 여러분이 말한 만큼 들을 준비도 하시오. 같은 말을 되풀이해서 나의 시간을 빼앗지 마시오.
- 나는 당신들이 왜 나를 만나는지 알고 있소. 이젠 내가 왜 당신들을 만나야 하는지를 알고 납득을 시키시오.

위와 같은 준비가 된 영업실무자라면 나는 기꺼이 만날 것이오.

크리스 라이틀,
『풀코스 서비스로 팔아라』(2004, 미래의 창) 중 편역

위의 편지가 시사하는 바를 잘 이해하고 소화해, 영업실무자로서 요구되는 능력을 개발하고 준비해야 영업실무자로서 고객으로부터

인정받고, 영업에서 뛰어난 성과를 달성하면서 자신의 비전과 경력을 쌓을 수 있을 것이다.

고객으로부터 환영받고 신뢰받는 영업실무자가 되기 위해서는 기존의 영업실무자의 활동과 고객과의 관계에서 바꿔야 하는 것과 새롭게 가져야 할 패러다임이 있다.

5. 패러다임의 변화

1) 패러다임의 혁신

필자는 영업강의를 하면서 참석자들에게 다음과 같은 질문을 던진다.

영업을 하면서 가장 힘든 것이 무엇인가? 왜 영업을 힘들어 하는가? 고객들이 가장 많이 요구하는 것이 무엇이고 무엇이 대응하기 어려운가?

대부분의 답은 "가격이 비싸다", "설득이 어렵다", "협상의 권한이 부족하다", "결제조건과 방법을 신속하게 결정할 수 없다" 등의 답이 나온다. 당신의 대답도 같은가? 그렇다면 당신도 일반적인 보통의 영업실무자이다.

그렇다면 이것에 대한 해결책은? 고객이 비싸다고 하면 고객이 원하는 만큼 깎아 주고, 고객이 스스로 결정할 때까지 무한정 기다리고 결제조건을 고객이 원하는 대로 해 준다고, 영업실무자는 원하는 매출을 올릴 수 있는가? 그렇지 않다. 그리고 그래서도 안 된다. 많은 영업실무자들이 영업을 어렵고 힘들고 하기 싫어하는 이유는 영업에 대한 잘못된 패러다임을 갖고 있기 때문이다. 더 심각한 것은 조직이 영업실무자를 제대로 준비시키지 않고 맨땅에 헤딩하는 방식으로 영업활동을 시키며, 영업실무자의 역량 개발을 위한 지원을 조금하고 매출을 올려야 한다는 것 만을 요구하는 것이다.

고객을 설득해 구매결정을 하도록 하는 일은 쉬운 일이 아니다. 고객을 설득하지 못하면 영업의 성과를 달성하기는 요원한 일이다. 고객을 설득하는 일을 영업실무자 개개인의 역량에 맡겨서는 안 된다. 영업은 상품과 서비스를 파는 것이 아니고, 고객이 필요해서 스스로 구매하도록 설득하는 일이다. 고객을 설득하기 위해서는 충분히 준비된 영업실무자가 요구된다. 조직에서도 유능한 영업실무자를 양성하는 일을 제대로 된 역량을 갖춘 외부기관을 이용하거나 자체적으로 양성할 수 있는 시스템을 갖추어야 한다. 이러한 일이 제대로 수행되지 않으면 영업의 노하우가 조직에 축적이 되지 않는다. 이러한 이유로 유능한 영업실무자가 조직을 떠나면 고객과 매출이 동시에 사라지면서, 그 사람의 영업 노하우 역시 사라진다. 그래서 비록 새로운 비록 경력이 있는 영업실무자가 입사를 하더라도 처음에는 맨땅에 헤딩을 하는 일이 반복해서 발생한다. 이러한 일의 모든 비용은 당연 회사가 책임을 져야 하고, 그 비용 또한 만만하지 않다.

필자는 이러한 시행착오를 더 이상 해서는 안 된다고 주장한다. 조직이든, 영업실무자 개인이든, 체계적이고 합리적인 그리고 시스템적인 영업업무를 수행할 수 있어야 한다. 이를 위해서 우리는 영업을 바라보는 시각과 영업실무자의 역할에 대한 재정립을 해야 한다. 잘못된 시각과 역할은 영업활동을 힘들게 한다. 즉, 영업에 대해 갖고 있는 잘못된 패러다임으로, 영업실무자들은 다음과 같은 활동과 태도를 가져야 한다는 것이다. 물론 이러한 패러다임은 영업상황에 따라 필요할 때도 있다. 하지만 일반적으로 이 패러다임에 대해서는 고객이든, 영업실무자들이든 부정적인 인식을 갖고 있다. 이 부정적인 인식을 새롭게 바꾸어야 한다.

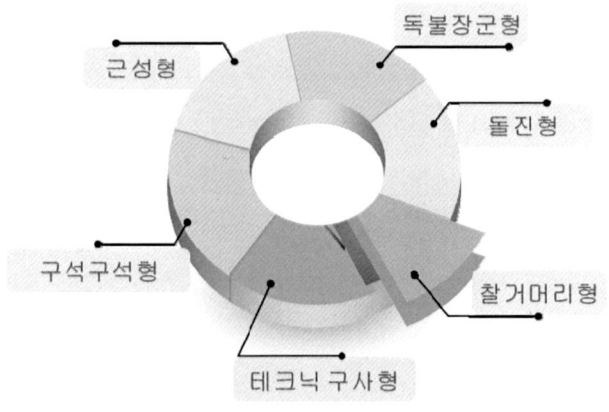

[그림 1-1] 바꿔야 하는 영업의 패러다임

위의 패러다임 각각에 대해서는 설명하지 않을 것이다. 문제는 이러한 패러다임을 잘못 인식하고 영업활동에 활용한 결과, 지금까지 영업실무자들의 영업활동에 대한 고객의 반응은 영업실무자들의 방문을 꺼리고, 영업실무자들은 입만 벌리면 거짓말을 하고 말로 업무를 보는 것이며, 잘못 걸리면 물건을 사야 하고, 물건을 팔 때는 모든 것을 다 준다고 하고는 판 다음에는 태도가 180도 바뀐다 등의 부정적인 평가를 하게 만든다. 고객이 이러한 시각으로 영업실무자를 본다면 누가 영업실무자를 만나주고 시간을 내어 줄 것인가? 당신도 영업실무자로서 위의 패러다임을 갖고 있다면 영업활동을 하는데 많은 장애물(만 나주지 않는 것, 약속을 빈번하게 어기는 것, 방문을 허락하고는 홀대 하는 것, 경쟁사 제품을 구매하는 것 등)들을 경험했을 것이다.

물론 위의 6가지 패러다임들이 필요하다. 건전하고 성실하게만 한 다면 말이다. 즉, 다음과 같이 말이다.

근성형: 영업실무자들은 고객의 거절에 쉽게 포기하지 않고 다시 한번 고객과 접촉을 하는 열정이 있어야 한다. 1~2번의 거절은 지극 히 당연한 것이다. 거절의 이유는 다양하다. 제품과 서비스가 필요 없 기 때문일 수도 있고, 아직 구매를 할 정도의 필요성을 갖지 못하였 을 수도 있으며, 다른 대안을 고려하고 있거나 영업실무자에 대한 신 뢰가 아직 부족하기 때문일 수도 있다. 이러한 상황에서도 고객이 영 업실무자를 좋아하고 신뢰하도록 만들 수 있어야 한다.

독불장군형: 영업실무자들은 가격저항을 극복하고 경쟁사의 유혹으 로부터 고객을 보호해야 한다. 이를 위해서는 독특한 자사와 영업실무 자 개인의 역량에 기반을 둔 차별화된 가치를 개발할 필요가 있다.

돌진형: 고객은 영업 실무자가 클로징(계약요구)을 하기 전에 스스 로 결정하는 경향이 낮다. 따라서 영업자는 고객의 의사결정을 촉구 할 필요가 있다. 고객이 망설일 때 고객이 어떤 결정과 행동을 해야 하는지를 영업실무자가 알려 줘야 하는 것이다.

찰거머리형: 기존 고객관리를 위해 필요하다. 기존 고객을 관리함 으로써 얻는 이익은 교차판매의 기회, 추천의 기회, 영업 실무자의 셀 프 역량 체크 등이다. 그리고 경쟁사의 유혹과 공격으로부터 고객을 보호할 수 있어야 한다.

테크닉구사형: 이 패러다임은 고객의 문제를 해결하기 위한 아이

디어와 솔루션을 개발할 때 중요하다. 그러나 과거 영업실무자들은 이를 임기응변과 화려한 미사여구로 고객을 구워삶으려는 시도로 잘못 인식해왔다. 이는 영업 실무자에 대한 부정적인 인식의 근원이다.

구석구석형: 다양한 영업기회 발굴과 가망고객 발굴을 위해 필요한 패러다임이다. 특히 B2C영업의 고객은 매우 다양하기 때문에 작은 기회라도 먼저 발견하고 접근하기 위해서는 경쟁사와 다른 영업실무자들이 보지 못한 시장과 고객을 발굴할 수 있어야 한다.

21세기의 고객은 과거 고객과는 달리 상당한 수준의 지식과 정보를 갖추고 있다. 오늘날의 고객들은 인터넷과 SNS의 발전과 활용으로 고객과 영업실무자간의 정보 불균형 문제를 거의 다 해결할 수 있게 되었다. 때로는 영업실무자보다 더 수준 높은 지식과 정보를 갖고 있을 수 있다. 따라서 이러한 상황에 대응하고 고객이 반기고 환영하는 영업실무자가 되며, 영업실무자로서의 존재감을 확립하기 위해서는 위에서 알아본 패러다임 외에 새로운 패러다임으로 영업업무를 수행하고 고객과 시장을 바라보아야 한다. 새로운 패러다임은 다음과 같다.

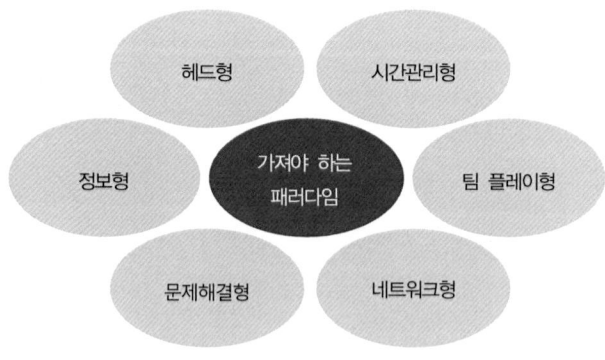

[그림 1-2] 새로운 영업의 패러다임

새로운 패러다임의 핵심은 고객 중심이라는 것이다. 영업은 시장과 고객이 있기 때문에 존재하는 것이다. 모든 영업의 성과는 고객의 필요에 의해 발생한다. 그리고 영업실무자는 고객의 선택을 받아야 한다. 고객은 유능하고 준비가 갖추어져 있으며, 자신의 상황과 구매 이유를 명확하게 이해하고 도움을 주는 영업실무자를 원한다. 게다가 고객은 인간적으로 매력이 있고 성숙한 커뮤니케이션을 할 수 있는 영업실무자를 원한다. 새롭게 갖추어야 하는 패러다임에 대해 하나씩 알아보자.

- 헤드형: 영업자는 지식과 지혜를 갖추어야 한다. 특히 고객의 라이프 스타일과 구매상황을 알아야 한다. 이제 몸으로 떼우는 식의 영업은 지양해야 한다. 고객의 라이프 스타일과 트랜드, 준거집단, 고객의 사회적 관계와 활동, 고객 개개인의 숨겨진 욕구 등을 알고 이러한 것에 바탕을 둔 가치를 개발해 고객이 자사와 거래를 제안해 고객의 흥미와 관심을 유발할 수 있어야 한다. 영업실무자는 자사의 경쟁사와 경쟁 영업실무자에 대한 동향도 파악하고 그에 합당한 전략적이고 차별화된 영업활동을 전개할 수 있어야 한다. 폭넓은 지식과 사고로 고객의 반응과 태도를 살피고 효과적으로 대응하는 능력이 요구된다.

- 정보형: 자사가 상품과 서비스를 판매하여야 하는 이유가 있듯이 고객 또한 외부로부터 상품과 서비스를 구매하는 이유가 있다. 그 이유는 고객의 내부(새로운 욕구발생 등)에서 발생하기도 하고 외부(주변의 트랜드 등)에서 발생하기도 한다. 영업전문가는 고객의 거시적인 환경과 라이프 스타일, 트랜드 등에 대한 정보를 잘 활용할 수 있어야 한다. 특히 영업실무자가 고객에게 제공

하는 정보는 고객의 구매욕구를 자극하는 것이어야 한다. 오늘날에는 정보부족이 문제가 아니라 정보과잉이 문제이다. 고객은 이러한 정보의 홍수에서 벗어나고자 때로는 더 나은 대안이 있음에도 불구하고 반복적인 구매(습관, 익숙한 브랜드, 이미 사용 중인 제품 등)를 한다. 영업실무자 역시 자신의 영업활동에 도움이 되는 정보를 분류해 활용할 수 있어야 한다.

• 시간관리형: 시간은 황금이다. 시간은 돈이다. 누구의 시간? 고객의 시간도 영업실무자의 시간도 똑같다. 시간을 효과적으로 관리하고 효율적으로 사용해야 하는 이유는, 시간이라는 자원이 제한되어 있기 때문이고, 선택 내용에 따라 그 결과가 달라지기 때문이다. 따라서 행동을 위한 선택의 결과는 시간의 가치를 결정한다. 영업실무자는 자신의 시간을 함부로 낭비하거나 소비해서는 안 된다. 고객의 시간도 존중해 주어야 한다. 고객이 기꺼이 시간을 투자하고 내어 주는 영업실무자가 되어야 한다. 상담을 할 때는 상담의 효율을 올려야 한다. 시간관리 능력은 곧 영업실무자의 성과와 직결된다. 고객에게도 영업실무자로서 귀한 시간을 할애해 고객을 방문했다는 인식을 갖도록 할 수 있어야 한다. 이유 없이 무작정 기다리거나, 아무 때나 고객을 방문한다는 것은 그만큼 다른 고객이 없다는 신호이고, 시간관리에 소홀하다는 반증이다. 고객은 바쁘다. 우수한 고객일수록 더 바쁘다. 고객의 시간 속에 영업실무자인 당신의 이름이 포함되어야 한다. 이를 위해서는 고객에게 이익을 제공할 수 있어야 한다. 이를 위해 고객이 누릴 수 있는 이익을 한꺼번에 다 주지 말고, 이익을 작게 쪼개어 만날 때마다 제공하는 것도 하나의 방법이 될 수 있다.

- 팀 플레이형: 대부분의 B2C 고객은 자기 혼자서 구매 의사결정을 한다. 하지만 상품에 따라 다양한 이해관계자가 존재한다. 고가의 고관여 제품의 경우 다양한 내부 이해관계자(남편, 아내, 자녀 등)가 개입을 한다. 구매 의사결정에서 누가 힘을 갖고 있는지를 파악해 그들을 공략하기 위해 때로는 내부직원들의 도움도 받을 수 있어야 한다.

- 네트워크형: 영업전문가는 개인의 역량 강화를 위해 다양한 네트워크를 활용하고, 그 속에서 활동하여야 한다. 유능한 영업실무자는 자신의 고객들이 가진 문제를 해결하고 욕구를 채워줄 수 있는 다양한 외부전문가들과 좋은 인간관계를 유지한다. 고객이 영업실무자를 지원(필요한 정보를 제공해 주는, 추천해 주는)해 주는 챔피언을 만들어 놓는 영업실무자도 있다. 최근에는 인터넷을 이용해 자신만의 블로그를 만들어 자신의 고객들에게 유용한 정보를 제공하거나, 고객들 상호간의 네트워크를 형성시켜 주면서 고객관리를 하는 영업실무자도 있다.

- 문제해결형(코칭형): 이 능력을 갖춘 영업실무자는 상담을 준비하는 단계에서부터 보통의 영업실무자와는 다르다. 그들은 늘 자신이 판매하는 상품과 서비스에 대한 지식보다는, 고객이 가진 문제와 고민 그리고 채우고자 하는 욕구에 관심이 있다. 사실 상품과 서비스에 대한 지식은 가장 기본적인 것으로 따로 준비할 필요가 없을 정도로 완벽하게 알고 있어야 한다. 유능하고 고객의 신뢰를 받는 영업실무자는 절대로 상품과 서비스를 먼저 이야기하지 않는다. 고객의 문제와 니즈를 진단하고 분석하는 방법으로 고객과 상담을 준비하고 실행한다. 그리고 모든 메시지는

고객을 돕기 위한 것임을 명확히 한다. 모든 상담에서 고객이 주
인공이고 중심이다. 자신의 상품과 서비스는 온전히 고객을 위해
존재한다는 믿음으로 영업활동을 전개해야 한다.

또 하나의 패러다임은 영업활동의 수준 혁신이다. 이는 영업실무
자가 영업활동의 효율성을 올리는 것이다. 그림으로 알아보면 다음과
같다.

[그림 1-3] 영업활동 수준

위 영업활동 수준은 크게 Push 영업(고객에게 판매를 밀어붙이는,
구매를 강요하는)과 Pull 영업(고객이 기꺼이 구매를 하는)의 형태를
갖는다. 아래 3개의 영업활동 수준(방문중심, 조건영업, 제품자랑)은
고객에게 좌우되는 영업활동이다. 영업실무자는 고객이 구매결정할
때까지 기다리지 못하고, 자신이 원하는 때, 원하는 만큼의 제품을 자
사에게 유리한 조건으로 팔기 위해 고객을 밀어붙인다. 이를 위해 때
로는 접대를 영업의 중요한 도구(막대한 영업비용의 지불)로 활용하

고, 책임질 수 없는 약속을 하기도 하며, 번지르르 한 말로 고객을 설득하려 한다. 그래서 영업실무자에 대한 고객의 신뢰는 떨어진다. 고객의 신뢰를 받고 오래가는 영업(고객관리 등)을 위해서는 반드시 바꿔야 하는 영업활동이다. 고객은 바쁘다. 더욱 우수한 고객은 항상 바쁘다. 이 고객을 시도때도 없이 방문하는 것은 고객의 신뢰를 떨어뜨린다. 그래서 방문중심은 전략적 영업활동(고객의 구매 패턴을 고려한)으로, 조건영업은 가격 저항을 약화시키거나 무너뜨리는 이익중심영업으로, 제품 자랑은 솔루션, 즉 고객의 결정적 구매욕구를 충족시켜 주는 가치제안영업으로 전환을 해야 한다.

거래성사의 핵심은 고객이 갖고 있다. 고객은 자신의 원하는 제품과 서비스를 자신이 필요할 때, 필요한 만큼, 유리한 조건으로 구매한다. 이 사실을 영업실무자는 자신의 영업활동에 적극 활용해야 한다. 이를 위한 영업활동의 방향이 위의 두 가지 영업활동(니즈 충족, 비즈니스 컨설컨트)으로 고객에게 가치를 제안하고 고객과 함께 고민을 하고 고객 스스로 필요에 의해 구매결정을 하는 것이다. 이것이 Pull 영업이다. 이때 영업실무자는 고객의 삶을 풍요롭게 하는 데 도움을 주는 라이프 코치가 된다. 고객은 라이프 코치를 기꺼이 만나준다.

영업활동 수준에 따라 영업실무자가 준비하는 내용과 고객을 바라보는 관점이 다르다. 물론 영업활동 수준에 대한 고객의 반응도 다르다. 이를 정리하면 다음과 같다.

<표 1-1> 영업활동 수준과 관점

구분	고객을 보는 관점	커뮤니케이션 내용	영업활동 내용
Vistor	고객은 움직이지 않는다. 계속 만나고 자극을 주어야 함	화려한 언변으로 고객을 설득하려 함	일방적인 방문, 얼굴 알리기, 선물, 문전박대, 가가호호
Price Seller	고객은 가격이 싸면 구매를 함	가격을 깎아 주는 영업을 함 가격이 모든 것임	다른 조건 요구, 이익 저하
Product Teller	고객은 상품을 잘 모름 고객을 가르쳐야 함	상품의 일방적 자랑 경쟁사 깎아 내림	테크닉 구사, 임기응변, 관심유발 실패
Need Satisfier	고객은 채우고자 하는 욕구를 갖고 있음	고객의 욕구와 필요를 파악, 질문	문제해결, 편리함 제공
Trusted Life Consultant	고객은 자신의 삶을 윤택하게 만들고 싶어 함	도움을 주려 함 고객의 라이프스타일 이해	고객의 동반자 고객 스스로 기다리고 소개함

영업활동의 패러다임을 혁신하고 활동효율을 올려야 하는 이유는 영업의 성과인 매출을 향상하고 영업비용을 줄이며, 영업의 높은 마진 즉, 더 많은 이익을 남기기 위해서이다. 특히 조건영업은 계약서의 이익률에 치명적인 부정적 영향을 준다. 이를 극복하기 위해서는 영업과 영업협상(흥정)을 명확히 구분할 수 있어야 한다. 이 구분을 할 수 없으면

① 가격영업
② 양보영업(조건영업)
③ 말발영업

을 할 수밖에 없다.

가격영업은 말 그대로 가격 중심의 영업을 하는 것이다. 이런 영업을 하는 영업실무자의 가장 큰 장애물은 가격이다. 이들은 가격이 경쟁력이 있으면 더 많이 팔 수 있을 것이라고 항변하지만, 실제로는 그렇지 않다. 가격 중심의 영업활동을 하는 것은 대부분 고객의 구매 이유를 모르기 때문이다. 고객은 자신이 누리는 가치를 위해 구매를 하는 것이지 가격이 싸기 때문에 구매하는 것이 아니다.

양보영업(조건영업)은 회사가 영업실무자에게 주어진 영업상의 권한을 쉽게 포기하면서 고객에게 조건을 일방적으로 제공하는 영업을 한다는 것을 의미한다. 더 심한 경우에는 고객의 요구 조건을 협상(흥정)으로 해결하려 하지 않고 무조건 수용해야 한다는 생각으로 자신의 상사 또는 조직을 설득한다. 즉, 고객에게 가격을 깎아 주기 위해 자사를 설득한다는 것이다. 고객의 크고 작은 반대에 부딪칠 때마다, 고객의 마음을 얻기 위해 고객이 요구하는 조건을 무조건 수용해야 한다는 생각/믿음을 갖고 하는 영업을 의미한다.

말발영업은 자신이 책임질 수 없는 가치와 조건들을 얼렁뚱땅 넘어가면서 영업을 마무리하거나, 지킬 수 없는 약속을 하면서 고객을 설득하려는 영업 스타일을 말한다. 이들은 자신이 판매하는 제품과 서비스가 고객의 모든 문제를 해결할 수 있는 만병통치약처럼 과대포장을 한다. 그리고 나중에 문제가 생기면 그것은 회사의 문제이고 회사가 모든 책임을 질 것이라는 생각을 갖고 있다.

당신의 영업스타일은 어떠한가? 위의 영업스타일이 가져오는 성적표는 대부분 C점수 이하(이익률이 낮은, 평균 이하인 그래서 팔아도 남는 것이 없는)의 성적표가 된다. 이러한 실수를 범하지 않으려면 첫째, 영업과 영업협상(흥정)을 명확히 구분해야 하고, 둘째, 영업의 설득무기와 영업협상(흥정)의 설득무기가 다르다는 것을 인식해야 하며, 셋째, 영업 준비와 영업협상(흥정) 준비 또한 다르다는 것을 알고 활용해야 한다. 나아가 넷째, 가급적 영업협상(흥정)을 하지 않고 영업에서 고객을 설득하는 데 성공해야 하며, 마지막으로 다섯째, 영업실무자가 상담하는 상대방의 역할과 관심사를 명확하게 이해하고 활용해야 한다.[1]

이러한 사실을 알고 영업활동에 적용하려 한다면 기존의 영업에 대한 관점과 영업활동의 습관을 바꿔야 한다. 물론 자신의 몸에 배인 습관과 익숙한 패러다임을 깨고 새로운 습관과 패러다임을 익힌다는 것은 쉬운 일이 아닐 것이다. 하지만 위의 패러다임을 벗어나지 않는다면 새로운 기회, 영업실무자로서 경력을 쌓고 멋진 삶을 살 수 있는 기회도 없다는 것을 알아야 한다.

2) 또 하나의 중요한 패러다임

조직이 영업실무자에게 기대하는 성과는 많은 수의 판매계약서와 높은 매출에만 있는 것이 아니다. 매출액이 중요한 만큼 매출이익률(마진) 또한 매우 중요하다. 영업실무자는 자신이 땀 흘려 받아오는 계약서가 이익을 많이 확보한 계약서가 되어야 함을 이해했을 것이다. 이제는 두 마리 토끼(매출과 마진)를 잡아야 한다.

---

1) 영업과 영업협상(흥정)을 구분하고, 영업협상(흥정)을 성공하기 위한 내용은 뒤에서 별도로 다룰 것이다.

영업의 경쟁이 치열하고 고객이 구매를 전략적으로 수행하는 한, 위의 두 가지 성과를 모두 달성하기는 쉽지 않다. 그리고 앞으로의 영업성과는 영업이익률이 점점 중요해질 것이다. 높은 점수를 받는 계약서, 즉 매출이익이 높고 조건이 좋은 계약서를 받아오기 위해서는 새로운 인식과 습관이 필요하다. 다음과 같은 패러다임으로 영업을 바라보라.

첫째, 고객은 상품이 아닌 가치를 구매한다. 영업실무자가 고객과 대화를 할 때, 모든 메시지의 핵심은 제품과 서비스의 특징에 대한 설명에 있지 않아야 한다. 메시지는 고객이 상품과 서비스를 통해 얻거나 누리는 이익과 혜택으로 구성되어야 한다.

오늘날 대부분의 고객은 제품 성능에 대한 지식을 이미 갖추고 있다. 영업실무자가 기억하고 활용해야 하는 것은 고객이 제품을 구매해야 하는 구매의 정당성이다. 고객의 구매 정당성을 중심으로 영업활동을 수행하지 못하면, 고객은 가격중심으로 구매를 하게 된다. 고객이 언제, 어떤 상황에서 누구와 어떤 이익을 얻을 수 있으며, 그 이익이 경쟁제품과는 어떻게 다른지를 알려야 한다.

둘째, 고객은 자신의 구매력 문제를 스스로 해결한다. 가격이 싼지, 비싼지는 고객의 주관적인 판단이다. 영업실무자가 고객으로부터 끌어내야 하는 첫 번째 반응은 제품과 서비스에 대한 고객의 흥미와 관심이다. 그다음 구매를 고민하고 검토하는 반응을 이끌어 내야 한다. 고객은 자신의 욕구를 충족시켜 주는 제품과 서비스를 구매하기 위해 스스로 구매력 문제를 해결한다. 고객이 가진 구매력 문제를 영업실무자가 해결해 주려는 노력은 고객이 요청할 때이다.

셋째, 기대이상의 가치를 경험한 고객은 자신이 원하는 제품 혹은 서비스에 오래 머물고, 그 제품을 위해 기꺼이 비용을 지불한다. 고객이 영업실무자가 제안한 가치를 제대로 누리게 되는 시점은 제품과 서비스를 구매하여 사용하면서부터다. 즉, 진정한 제품과 서비스 가치는 구매 후 발생한다. 따라서 고객은 구매 과정의 경험과 구매 후 경험을 통해 제품과 서비스에 대한 충성도를 결정할 뿐 아니라 영업실무자와의 향후 관계도 결정한다. 영업실무자가 고려해야 하는 중요한 핵심 중 하나는 고객이 구매 후 기대한 가치를 충분하게 누리고 경험할 수 있도록 지원해야 한다는 것이다. 어쩌면 진짜 고객과의 관계는 구매 후부터 시작될 것이다.

6. 영업의 종류

B2C영업은 네 가지 유형으로 나눌 수 있다. 하나는 가치영업(Value Sales)이고, 다른 하나는 조건영업(Negotiation Sales), 컨설팅영업, In-Bound 영업이다. 이들은 영업대상과 준비자료, 영업단계, 고객상황, 상담전개방법 등이 모두 다르다. 이에 대해 지금부터 알아보도록 하자.

1) 가치영업(Value Sales)

말 그대로 고객이 구매를 통해 얻는 이익 가치를 중심으로 영업활동을 하는 것이다. 대부분 기존고객과 신규고객을 중심으로 확대판매, 상승판매, 교차판매를 할 때의 영업유형이다. 상품과 서비스의 가치는 영업실무자가 아닌 고객이 결정한다. 고객이 상품과 서비스에 가치를 부여해 자신들의 구매비용을 쓰는 것은 자신들이 원하는 그 무엇인가를 상품과 서비스가 제공해 주기 때문이다.

고객이 가치를 부여하는 그 무엇이란 무엇일까? 바로 고객의 필요, 즉 해결할 문제, 누리고자 하는 편의, 채우고 싶은 욕구 등이다. 따라서 영업 실무자와 상담을 마친 고객이 상품과 서비스의 가치를 인식하지 못하는 것은 영업실무자의 책임이고 능력의 문제이다.

아무리 기술적으로 품질이 우수한 상품이더라도 그 상품이 제공하는 가치를 누리고자 하는 고객이 없다면, 시장에서 살아남을 수 없다. 수년 전 한 스위스 시계회사는 수심 200미터에서 완벽하게 작동하는 시계를 생산하여 판매했지만, 결국 실패하고 말았다. 기술적 능력은 인정받았지만, 이것이 시사하는 바가 무엇이겠는가?

가치영업은 고객이 가진 생활의 불편함과 그 해결을 통한 편리함과 이익 그리고 채우고자 하는 욕구의 충족을 위한 가치, 즉 상품과 서비스가 가진 역량(특성-문제해결-이익-증거/사례)으로 고객이 자신의 필요에 의해 자발적으로 구매하도록 하는 적극적인 활동이다.

가치영업을 위해서는 자사 상품과 서비스에 대한 지식을 창의적으로 분석하고, 가치를 강화하며, 고객을 설득할 수 있는 다양한 자료(영업도구)를 개발해야 한다.[2]

가치영업이 필요한 이유는 고객으로 하여금 구매협상(흥정)을 시도하지 않도록 하거나, 협상(흥정)의 힘을 떨어지게 하는 목적이 내포되어 있다. 즉, 가치 중심의 영업은 고객이 구매조건을 따지지 않고

---

2) 가치개발(제품지식)에 대해선 뒤에서 알아볼 것이다.

영업실무자의 판매조건대로 구매하게 하는 데 그 목적이 있다. 이는 모든 영업조직과 영업실무자들의 궁극적인 로망이기도 하다. 물론 대부분의 고객은 이를 절대로 허락하지 않을 것이지만.

현실적으로는 가치영업 다음에는 협상(흥정)이라는 활동이 필수적으로 개입할 수 밖에 없으나, 영업실무자는 이를 극복하는 방법으로 상품과 서비스의 가치를 개발하여야 한다. 또 하나 중요한 것은 고객에 따라 같은 제품과 서비스라도 그 가치가 다르다는 것이다. 고객의 상황, 준거집단, 지식 수준과 라이프 스타일, 개인적인 삶의 비전과 목표에 따라 고객은 자신만의 니즈를 갖고 있다. 영업실무자는 고객의 다양한 욕구와 니즈를 파악해 맞춤식 가치를 제안할 수 있어야 한다.[3]

고객이 기대하고 이 책에서 강조하는 영업은 가치영업이다. 즉, 고객의 필요를 채울 수 있는 상품과 서비스의 역량을 중심으로 고객을 발굴하고 기회를 찾아 효과적으로 접근하는 과정을 영업실무자가 주도적으로 수행하는 것이다. 고객이 영업실무자를 찾아오는 이유는 결국 자신들의 필요를 채우기 위해서이고, 많은 대안들 중 그 상품과 서비스가 지닌 해결능력이 가장 뛰어나기 때문이다. 가장 이상적인 영업은 상품과 서비스의 가치로 인해 어떤 이유와 방법(친구의 소개, 광고 등)을 통해서든 스스로 찾아온 고객을 설득하는 것이다.

B2C영업 활동 중 대리점이나 대형 할인점/유통점, 프랜차이즈 영업을 하는 영업실무자는 고객에게 두 가지 니즈가 있음을 알아야 한다. 하나는 기업으로서 조직과 업무목표달성이라는 니즈이고, 다른 하나는 이 유통업체를 이용하는 소비자들의 니즈이다. 따라서 이들

---

3) 고객의 니즈와 욕구를 파악하는 방법에 대해서는 뒤에서 자세하게 알아보도록 한다.

유통기업 고객은 서로 다른 시장환경과 해당 시장의 소비자 수준에 따른 머천다이징 전략이 달라야 한다. 이유는 각 시장의 고객과 소비자들의 소비성향과 유형이 다르고 고객과 소비자들의 소비 패턴이 다르기 때문에, 고객에 맞는 판매전략(자산의 상품을 고객에게 제공하기 전에 그 고객이 더 많은 매출이 가능하도록 지원하는)을 제안해 고객(점주, CEO, MD)의 비즈니스를 도와 주어야 한다.

그들은 어떻든 영업실무자의 상품과 서비스를 갖고 자신들의 비즈니스를 한다. 이를 유통기업은 다른 많은 대안들을 갖고 있기 때문에 상대적으로 우위에 있게 되며, 이는 영업실무자들에게 극복해야 할 도전이 된다. 그들이 원하는 것은 영업실무자가 제안하는 상품과 서비스를 무작정 받는 것이 아니다. 자신들의 비즈니스를 키우는 것이 그들의 최대 관심사이다. 그들의 비즈니스가 성장할 수만 있다면, 자연히 영업실무자가 제안하는 상품과 서비스에 대한 긍정적인 반응을 보일 것이다.[4]

가치영업은 이렇게 고객과 소비자들에게 원하는 목표를 달성하고 문제를 해결해 주며, 필요를 충족시켜 주는 영업활동을 하는 것이다. 가치영업이 가진 매력은 고객의 필요를 강하게 자극을 해, 고객 스스로 영업실무자의 제안 가치를 수용하도록 하는데 있다.

2) 조건영업(Negotiation Sales)

여기에서 알아보는 조건영업은 비록 영업의 마지막 단계에서 수행

---

[4] 유통기업을 대상으로 한 성공적인 영업활동 방법은 추후 컨설팅영업에 대한 저술을 할 때 자세하게 알아볼 것이다.

하는 협상(흥정)과 내용(의제개발, 제안, 역제안, 전략과 전술 등)은 동일하더라도 그 의미가 다르다. 즉, 조건영업은 처음부터 협상(흥정)의 무기(조직의 역량-경쟁우위가 가진 거래 조건상의 가치)를 중심으로 영업활동을 전개하는 것으로서, 쉽게 말하면 가격을 깎아주거나, 양보, 고객요구수용, 덤주기 등을 중심으로 영업하는 것이다.[5] 즉, 조건영업을 위해서는 영업실무자의 고객을 응대하는 화법과 고객과 신속하게 판매를 마무리하는 능력이 매우 중요하다.

대부분의 B2C영업은 이 조건영업이 80% 이상을 차지한다고 볼 수 있다. 이러한 영업을 하는 가장 큰 이유는 영업실무자들이 자신의 로망만을 추구하는 영업을 하기 때문이다. 나아가 B2C고객 대부분은 이미 제품과 서비스는 거의 결정을 한 상태가 대부분이며, 다른 대체재 혹은 전환 가능한 제품과 서비스가 많기 때문이기도 하다. 즉, B2C고객은 그 수가 많지만, 상대적으로 경쟁제품과 경쟁 영업실무자도 많다. 또한 영업실무자가 다른 고객을 더 많이 만나기 위해 지금 상담 중인 고객과 이 자리에서 판매를 마무리하려는 조급함 때문이기도 하다.

가치영업이 상품과 서비스가 가진 역량과 조직이 가진 역량을 중심으로 고객의 일상생활과 삶의 문제를 해결하기 위해 수행된다면, 조건영업은 판매조건 또는 고객의 구매조건에 영향을 미치는 경쟁우위의 역량-사은품, 특별판매 조건, 서비스 등의 거래 조건을 중심으로 진행된다.

---

5) 단, 이는 고객 중심의 영업과도 다르다.

3) 컨설팅영업

또 하나의 영업 유형은 컨설팅영업이다. 컨설팅영업은 대리점, 프랜차이즈 가맹점, 대형 할인점 등의 기업을 대상으로 하거나 루트영업활동을 하는 영업실무자의 영역이다. 이 영업활동을 하는 영업실무자는 고객(유통업체)의 경영상 문제를 해결하고 목표달성을 지원하는 다양한 방법과 도구들을 활용해야 한다. B2C제품 중 유통영업을하는 영업실무자에게 필수적인 영업유형이다. 또한 금융영업, 보험영업을 하는 영업실무자 또한 고객의 문제를 해결하고 목표달성을 지원하는 컨설팅영업을 할 수 있어야 한다.

루트영업활동을 하는 실무자들은 단순히 본사의 제품과 서비스를 대리점 등 고객에게 떠맡기는 밀어내기 식으로 영업활동을 하여서는 안 된다. 이러한 활동은 고객의 환대를 받기는 커녕 오히려 방문하는 것을 부담스러워하거나 불평불만을 토로하게 만들 뿐이다. 고객들의 욕구와 관심은 자신 의 비즈니스를 성공적으로 운영하는 데 있다. 루트영업의 대상인 고객들은 영업실무자가 몸담은 자사의 상품과 서비스를 계약(대리점 계약 등)하여 일정 지역의 최종고객을 대상으로 자신의 비즈니스를 하게 된다. 그들의 비즈니스가 활성화된다면 자연히 본사로부터 더 많은 양을 구매할 것이고 결제로 영업실무자를 힘들게 하지 않는다. 따라서 그들은 영업실무자들이 자신들의 시장에 대한 분석능력과 전략수립능력을 갖추고, 영업실무자를 통해 자신들의 비즈니스를 확대하는 방법과 전략, 전술들을 지원받고 싶어 한다. 만일 영업실무자가 이러한 능력이 부족하다면 (밀어내기 식의 대화를 제외하고) 고객을 만나 어떤 대화를 할 수 있겠는가?

영업실무자는 각 지역의 시장 특성이 다르다는 것을 알아야 하며, 고객이 어떻게 자신들의 고객(최종 소비자)에게 스스로 영업(가치영업)할 수 있는지, 그 방법과 지식, 기술 또한 알려 주거나 지원해 주어야 한다. 만약 자신의 능력이 부족하다면, 영업실무자는 자신이 맡은 지역에 대한 정보(사장분석, 고객분석, 경쟁사분석 등)를 본사의 마케팅 전문가에게 제공하여 그 시장에 맞는 전략 전술을 개발해 달라고 요청해야 한다. 필요하다면 동행 방문도 요청할 수 있어야 한다.

고객이 만나고 싶어 하고 영업실무자의 제안을 기꺼이 수용하도록 전문성을 키우도록 하라. 본사의 마케팅전문가들을 활용할 수 있도록 내부고객들을 관리하라. 차별화된 자신만의 영업스타일과 역량, 도구를 개발하라.[6]

4) In-Bound 영업

영업 형태는 크게 In-Bound 영업과 Out Bound 영업으로 구분된다. Out Bound 영업은 영업실무자가 고객을 발굴하고 접근을 해 흥미와 관심을 유발한 후, 검토를 통해 구매를 고민하도록 해 구매하도록 설득하는 영업활동이다. 지금까지의 내용은 대부분 Out Bound 영업에 대한 것이었다.

반면 In-Bound 영업은 고객이 자신의 필요와 요구충족을 위해 스스로 구매를 위한 의사결정을 한 후 영업실무자나 기업의 유통망에 접촉해 오는 영업형태이다. 따라서 이 In-Bound 영업의 경우에는 고

---

6) 이 능력에 대해서도 뒤에서 자세히 알아보도록 한다.

객을 접객하는 기술과 고객의 결정을 최종적으로 마무리하는 기법이 요구된다. In-Bound 고객의 대부분은 충분한 사전조사를 통해 어느 정도 구매를 위한 준비를 마친 상태이거나 제품에 대한 지식 또한 어느 정도 갖고 있기 때문에 영업실무자의 어설픈 제품지식이나 비즈니스 매너가 불량한 태도, 언어를 사용하면 곧 고객은 발길을 돌릴 가능성이 매우 높다.

에필로그: 영업의 정의와 영업실무자

필자가 책을 쓰는 어느 날 핸드폰이 울렸다. 상대방은 몇 개월 전 필자의 강의를 들은 수강생이었다. 그는 "강의 때 교수님의 메시지가 너무 도움이 되었다"고 하였다. 무슨 메시지였냐고 묻자 대답하길, "영업은 물건을 파는 것이 아니고 고객의 문제를 해결하고 욕구를 채워줄 수 있는 솔루션을 제공하는 것이다. 영업실무자는 물건을 파는 사람이 아니고 고객의 문제를 해결해 주고 비즈니스의 목표달성을 도와 주는 비즈니스 전문가이자 고객의 문제 해결자다"라는 것이었다. 이는 필자가 모든 영업강의를 할 때마다 강조하는 영업의 정의와 영업전문가의 역할이다.

다시 상대에게 구체적으로 어떤 도움이 되었는지 묻자 그는 "우선 영업활동에 자신감이 생겼다. 물건을 판매하려고 고객을 방문하는 것이 아닌, 문제를 파악하고 솔루션을 제안하기 위한 방문이라는 것이 당당함을 가질 수 있도록 용기를 주었다. 고객도 자신들의 문제해결을 도와주겠다는 말에 큰 흥미와 관심을 갖고 기다린다. 따라서 영업의 성과가 올라가고 있다"라며 감사의 말을 전했다.

영업실무자가 판매하려는 상품과 서비스는 그 자체가 가치를 갖는 것이 아니다. 다시 한번 강조하지만 상품과 서비스의 가치는 고객이 결정을 하는 것이고, 고객은 자신의 필요(문제해결과 욕구충족)를 해결해 줄 때 상품과 서비스에 가치를 부여하는 것이다. 상품과 서비스는 고객의 문제해결과 욕구충족을 위한 도구이고 수단이다. 고객이 구매를 하는 이유를 이해한다면 이 말을 인정할 것이다.

따라서 영업이란 **자사의 상품과 서비스 그리고 자사의 능력으로 고객의 문제를 해결하고 욕구를 충족함으로써 고객과 소비자들의 삶의 목표 달성을 지원하는 비즈니스 활동**이다. 고객에게 영업실무자는 삶의 질을 향상시키고 삶의 목표를 달성하도록 지원하는 인생의 파트너이며, 라이프 컨설턴트이자 일상생활의 문제 해결사다. 이 책에서는 고객과 소비자를 같은 의미로 사용할 것이다.

영업활동을 하는 당신은 스스로의 역할을 어떻게 보고 있는가? 곰곰이 생각해 보라. 왜 고객이 당신의 상품과 서비스를 구매하는데, 그리고 그를 통해 그들이 어떤 문제를 해결하고, 편리함을 누리며 이익을 보는지. 그들에게 그러한 효과가 없다면 과연 그들이 당신의 상품과 서비스를 구매할 이유가 있을까?

자신의 문제에 해결책을 제시하고 욕구를 충족시킬 방법을 제안하는 유능한 전문가를 홀대할 사람은 없다. 고객이 기대하는 영업실무자는 바로 이러한 역량을 갖춘 전문가이다.

1. 영업활동은 고객의 니즈와 욕구를 충족시켜 주는 비즈니스 활동이다.
2. 고객은 자신의 필요에 의해 스스로 구매한다.
3. 영업실무자는 자사의 상품이 가진 가치를 고객의 니즈와 필요에 맞추어 제안하여야 한다.
4. 고객의 구매패턴과 영업환경은 영업활동의 패러다임 혁신을 요구한다.
5. 비생산적이며 고비용인 과거의 영업(주먹구구, 몸으로 떼우는, 발로 뛰는, 빌딩치기 등)을 지양하고 효과적이고 전략적인 영업을 해야 한다.
6. 고객은 자신을 잘 이해하고, 자신이 배울 수 있는 전문성을 갖춘 영업 실무자를 신뢰하고 거래를 하고자 한다.
7. 영업의 목표는 매출을 올리는 것과 이익을 확보하는 것 두 가지다.
8. 고객이 가격 저항을 극복하는 방법은 가치영업을 하는 것이다.

제2장

고객을 챔피언으로 만들어라

사례 1

기존 자동차의 잦은 고장으로 중고 자동차를 구매하기로 한 고객 홍성도 씨. 중고차 시장의 판매원들이 정직성과 성실성에 다소 의문을 갖지만 자신의 구매력 때문에 중고차 시장을 조사한다.

적당한 차를 알아보고 거래조건을 탐색하던 중 한 중고차 매매상을 알게 되었다. 그는 매우 친절했고, 홍성도 씨가 원하는 차종과 용도, 운전 습관과 운전 시간 그리고 기존의 차량에 대한 불편함과 궁금한 점을 꼼꼼하게 묻고 메모했다. 그러더니 자신이 보유한 차종 중 홍성도 씨에게 맞는 차를 제안하였다.

그런데 사실 홍성도 씨는 이미 자신의 맘에 드는 다른 차를 선정해 놓았었다. 홍성도 씨는 매매상이 추천한 차가 자기 마음에 든 차보다 좋아 보이지 않았다. 그래서 고객 홍성도 씨는 자신이 눈도장 찍은 차를 가리키며 "저 차는 어떠냐? 나는 저 차가 맘에 드는데……"라고 말했다. 그러자 매매상은 다른 말은 하지 않고 자신이 제안한 차와 홍성도 씨가 지적한 차를 동시에 옆에 두고 차의 부품과 상태 등에 대해 상세히 비교설명을 한다. 심지어는 차의 앞 보닛을 열고서 엔진의 상태 및 다른 부품들의 상태까지 비교해 주는 것이 아닌가? 게다가 홍성도 씨가 운행하던 차량을 일반적이 방법인 매입을 하는 조건이 아니라, 온라인 경매를 활용해 더 비싸게 팔 수 있는 방법도 알려 주었다.

고객 홍성도 씨는 이 매매상의 판매방식과 태도가 매우 맘에 들어 매매상이 제안하는 차를 구매하였다. 매매상은 정기적(한 달에 한 번)으로 홍성도 씨에게 전화를 걸어 차의 상태를 묻고 간단한 조치를 설명한다. 처음에는 으레 하는 행동으로 생각하였는데 2년이 지난 지금도 그렇게 관리해 준다. 그동안 홍성도 씨가 그 매매상에게 소개해 준 고객도 5명에 달한다.

고객은 영업실무자의 가장 든든한 지원세력이기도 하고 영업실무자의 활동과 성과달성에 큰 장애물이 되기도 한다. 유능한 영업실무자는 고객을 자신의 영업활동을 지원해 주고 성과달성을 도와 주는 챔피언으로 활용할 수 있어야 한다. 계약한 고객만 관리하는 것이 아니라 계약하려는 고객 더 나아가 지금은 구매의사가 없는 잠재소비자를 고객으로 확보할 수 있는 능력을 갖추어야 한다. 고객이 진짜로 자신의 구매이익과 편리함을 누리는 것은 구매 후부터이다. 따라서 영업실무자가 고객과 하는 진정한 비즈니스는 계약 후부터 시작된다. 고객과 오랜 관계를 유지하고, 고객을 영업실무자의 챔피언으로 만들려면 계약후, 즉 고객이 구매를 한 이후까지 관리해 주어야 한다. 또한 B2C고객의 경우에는 감성적이고 심리적인 자극과 영향이 매우 중요하다. 고객을 영업실무자의 챔피언으로 만들기 위해서는 고객에 대한 이해도를 올려야 한다. 따라서 이 장에서는 고객의 구매행동과 의사결정과정에 대해 알아본다. 기존고객을 위한 고객관리는 별도의 장에서 알아본다.

1. 고객의 구매행동과 욕구

영업실무자는 자신이 상담을 하거나, 상담을 위해 방문을 하는 고객의 구매행동과 구매의사결정 프로세스에 대한 이해를 바탕으로 고객의 니즈와 욕구를 충족시켜 주고, 구매 과정상의 불안감을 제거해 줄 수 있는 영업상담을 수행할 수 있어야 한다. 고객의 구매 프로세스에는 구매 후 고객이 원하는 가치를 경험하는 것도 포함이 된다.

영업실무자는 고객이 어떤 구매행동 모델과 구매의사결정 프로세스를 거치는지를 알게 되면 좀 더 효과적인 상담준비와 상담 그리고 영업활동을 계획할 수 있을 것이다. 이 내용은 신입 영업실무자든 경험이 있는 영업실무자든 기회가 되면 반드시 쌓아야 하는 지식 중 하나이다. 이번 장에서는 이 내용에 대해서 알아본다.

1) 고객의 구매행동 모델

고객은 자신의 구매행동을 단순하게 결정하기도 하지만 때로는 상당한 수준의 복잡성을 띤 구매행동을 하기도 한다. 특히 자신의 필요와 구매력이라는 두 가지 욕구 중 하나의 욕구가 부족하거나 문제가 될 때는 영업실무자의 제안을 거의 건성으로 듣고 애매한 행동을 한다. 심지어는 구매행동을 연기하거나 포기한다. 영업실무자는 고객의 이러한 행동에 대한 숨겨진 동기와 이유에 대해 이해할 수 있어야 효과적인 상담을 전개할 수 있다. 특히 고객을 찾아가서 영업활동(방문판매 등)을 하는 영업실무자는 이러한 구매동기와 의사결정과정을 바탕으로 고객의 욕구와 필요를 확인하고 자극(설득)할 수 있어야 한다. 고객이 찾아오는 영업활동을 전개하는 영업실무자는 자신과 상담하는 고객의 구매동기와 구매를 위한 의사결정수준이 어디까지 진행되었는지를 파악할 수 있으면 좀 더 효과적인 상담을 전개할 수 있을 것이고, 고객의 만족도 수준도 향상시킬 수 있을 것이다.

(1) 고객의 니즈 발생배경과 의사결정유형

고객은 자신이 처한 문제의 수준에 따라 다른 의사결정유형을 보인다. 여기서 말하는 문제는 고객의 구매행동을 촉발하는 문제, 불편함들이다. 고객의 니즈를 발생시키는 고객의 문제는 4가지가 있다. 첫번째는 일상적이 문제이다. 두번째는 계획된 문제이며, 세번째는 점증적인 문제이고 마지막에는 긴급한 문제이다. 일상적인 문제는 고객의 매일의 삶과 생활 속에서 경험하는 불편함과 해결하고 싶은 크고 작은 문제들이다. 계획된 문제는 고객의 미래와 관련되어 새롭게 하고 싶거나, 갖고 싶은 그리고 누리고 싶은 안전함과 편리함 등이다. 점증적인 문제는 지금은 큰 불편함이나 어려움은 없지만 장래 발생할 수 있는 크고 작은 문제들이며, 긴급한 문제는 당장 해결이 필요한 문제들이다. 이러한 문제해결을 위해 새로운 상품 또는 서비스가 필요할 때 고객은 자신에게 익숙한 방법으로 구매의사결정을 한다.

다음 [그림 1-4]는 고객의 구매의사결정에 영향을 주는 문제유형이다.

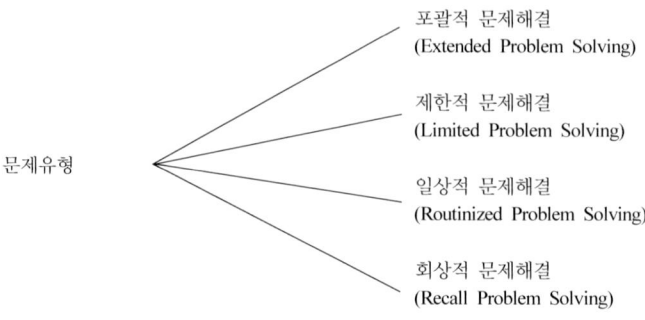

포괄적 문제해결
(Extended Problem Solving)

제한적 문제해결
(Limited Problem Solving)

문제유형

일상적 문제해결
(Routinized Problem Solving)

회상적 문제해결
(Recall Problem Solving)

[그림 1-4] 고객의 구매의사결정에 영향을 주는 문제유형

① 포괄적 문제해결

자신의 문제해결을 위해 상당한 시간과 노력을 투입하여 정보를 탐색하고 분석을 하는 등 신중한 의사결정을 한다. 이는 대부분 최초 구매이면서 구매결정에 많은 시간과 노력을 필요로 하며, 고객이 느끼는 가격 등의 구매위험이 높아 복잡한 의사결정을 거치게 되는 의사결정이다.

예) 금융상품, 자동차, 디자이너 의류, 스테레오 시스템 구매 등 고가의 제품이거나 고도의 기술적인 제품들을 구매할 때

② 제한적 문제해결

최초 구매이지만 비교적 간단한 의사결정과정을 거치는 문제들로 고객은 제품과 서비스에 대해 어느 정도의 경험과 정보를 보유하고 있다. 따라서 제한적인 정보탐색활동을 거친다.

예) 컴퓨터 등 IT제품, 고가의 전자제품, 가구 등

③ 일상적 문제해결

고객은 과거의 직접 혹은 간접경험을 통해 어떤 문제를 해결하기 위한 최선의 선택안을 이미 알고 있고, 따라서 이러한 문제를 인식하였을 때 어떤 제품 혹은 상표를 선택할 것인지를 곧바로 결정하는 유형이다.

예) 일상생활용품들, 저렴한 전자제품들

④ 회상적 문제해결

고객이 직접 경험하지 않더라도 광고나 타인으로부터 획득한 제품정보가 기억 속에 저장되어 있다가, 자신의 문제를 인식하게 되면 이 정보를 토대로 곧바로 의사결정을 하는 유형이다. 특정 브랜드를 반복적으로 구매하거나, 특정 브랜드에 대한 선호도의 결과로 구매가 일어난다.

(2) 고객의 구매행동 모델

① 일상적 문제해결과 회상적 문제해결을 위한 고객의 의사결정과 정은 다음과 같이 그다지 복잡하지 않다. (새로운 정보를 필요 로 하지 않는 경우)

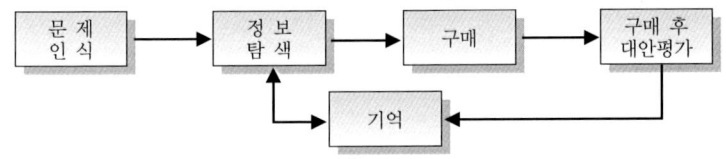

[그림 1-5] 고객의 행동모델–단순한 구매행동

고객은 새로운 구매의 필요성이 인식되면 곧바로 정보를 탐색한다. 그리고 고객은 이미 상품 혹은 서비스에 대한 상당한 정보와 지식을 갖고 있다. 또한 고객의 구매력도 크게 문제되지 않는다. 따라서 비교적 신속하게 의사결정이 이루어지고 구매행동을 시작한다. 영업실무자를 찾거나 영업실무자의 매장으로 찾아오는 고객의 적극적인 행동으로 나타난다. 최근에는 온라인 매체를 통한 구매가 활성화되고 있는데, 이 온라인 구매의 상당 부분은 위의 구매의사결정 과정을 거친다.

② 포괄적 문제해결과 제한적 문제해결을 위한 고객 의사결정과정과 정보처리과정(외부로부터 새로운 정보를 탐색-분석하는 경우)으로 복잡한 고객의 구매행동 모델이다. 아래의 [그림 1-6]이 또 하나의 고객의 구매의사결정 과정이다.

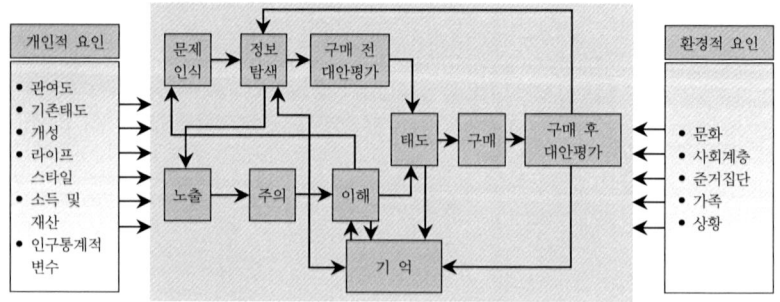

[그림 1-6] 고객 행동모델-복잡한 구매행동

<용어 설명>
1. 문제인식: 고객이 어떤 시점에서 자신의 현재 상태와 그에 상응하는 바람직한 상태와의 상당한 차이를 느끼고 그 차이를 해소시켜 줄 수 있는 수단을 찾고자 하는 단계로 구매필요성이 발생한다.

2. 정보탐색: 인식된 문제해결을 위해 필요한 정보를 탐색하는 단계로 내적 탐색과 외적 탐색으로 나누어진다.
· 내적 탐색: 자신의 기억 속에 있는 욕구충족 수단과 관련하여 자신의 직접경험이나 능동적 혹은 수동적으로 획득된 정보로 자신의 필요에 따라 이러한 정보를 회상해 내는 활동을 한다.
· 외적 탐색: 문제 자체가 상당히 어려우며 문제해결을 위하여 의도적인 노력을 하고 외부로부터 적극적으로 구매와 관련된 정보를 찾는 경우로 영업실무자를 찾거나 주변의 지인에게 물어보거나 인터넷을 통한 정보탐색 활동을 한다.
어떠한 경우든 고객의 탐색된 정보 안에 영업실무자의 제안이나 상품이 포함되어 있어야 한다. 영업실무자의 제안을 고객의 탐색 정보에 포함시키는 것이 영업실무자가 보여 주는 상담의 목적 중 가장 기본적인 목적이 되기도 한다.

3. 대안 평가: 정보탐색 후 마련된 복수의 대안을 두고 적절한 평가기준을 마련하여 대안들을 비교·평가를 한다. 이때 평가기준은 크게 고객이 가진 필요의 강도와 구매력 수준이 된다.

4. 노출: 고객이 자신의 문제를 외부에 알리는 단계로 우연적 노출과 의도적 노출로 구성된다.
· 우연적 노출: 뉴스나 드라마를 보기 위하여 TV를 시청할 때나 기사를 읽기 위하여 신문이나 잡지를 읽는 경우에 여러 가지 광고에 노출되는 것과 같이 고객이 의도하지 않은 상태에서 정보에 노출되어 상품을 선택하는 경우
· 의도적 노출: 문제를 인식한 고객이 자신의 문제해결과정, 즉 의사결정과정에서 기억에 내재된 정보가 의사결정을 위하여 충분치 않을 때, 보다 많은 정보를 외부로부터 찾는 경우로 적극적인 정보탐색 활동을 통해 드러난다.

5. 주의: 영업실무자가 제안한 정보와 기업의 마케팅정보에 주목하는 과정으로 자신의 문제, 탐색정보를 상호 비교하는 단계이다.

6. 이해: 유입된 정보를 조직화하고 그 정보의 의미를 나름대로 해석하는 것으로 자신의 필요를 가장 적절하게 채워 줄 수 있는 수단에 대한 평가를 내린다.

7. 태도: 평가 후 고객이 결정을 하기 전 단계이다.
· 어떤 대상(상품, 조직, 영업실무자 등)의 각 속성별 신념의 총체, 그 대상에 대한 전반적으로 갖는 긍정적 혹은 부정적 감정, 그 대상에 대한 행동성향의 세 가지 하위차원들로 구성되는 것으로 개념화한다.
· 좋아함, 싫어함과 같은 감정적 요소로만 개념화하는 것이 보다 일반적인 태도 형성이다.

8. 구매 및 구매 후 행동
자신이 결정한 상품 혹은 서비스를 구매 및 구매 후 그 가치에 대한 평가를 내리는 단계이다. 이 평가의 내용(만족, 불만족)에 따라 고객의 다음 구매 행동(반복구매, 컴플레인 제기, 추천 등)이 결정된다.

이러한 고객의 두 가지 구매의사결정 과정을 영업실무자가 알고 있다면 고객이 어느 단계에 있고, 각 단계에서 고객의 마음을 얻을 수 있는 방법을 영업의 도구로 활용하는 상담과 영업활동을 전개할 수 있을 것이다.

2) 관여도와 고객행동

고객이 자신의 구매행위를 어느 정도 신중하게 할 것이며, 자신의 구매행동에 어느 정도의 정보를 수집하고 분석을 하며, 시간을 투자할 것인가에 따라 고객의 구매행동 과정과 시간이 달라진다. 이렇게 고객이 구매를 결정하는 과정에서 보여 주는 개입의 정도를 '관여도'라고 한다. 고객의 관여도가 높은 구매의 경우 고객은 신중하고 의사결정에 많은 정보를 요한다. 물론 관여도가 낮은 경우에는 신속한 의결정을 한다. 따라서 영업실무자는 자신이 판매하는 제품 혹은 서비스의 고객 관여도 수준을 알고 고객의 구매의사결정 과정을 지원해 줄 필요가 있다. 영업실무자의 개입 정도가 높고(고객에게 필요한 정보를 적극 제공하고 여러 차례 만나고 고객이 영업실무자의 제안내용에 신뢰를 가질 때) 고객의 관여도가 높은 거래의 경우에는, 고객은 영업실무자의 태도와 판매능력을 기준으로 전문성을 평가하면서 영업실무자를 자신의 구매를 지원하는 파트너로 생각할 것인지, 테크닉으로 판매만 하려 하는지를 판단한다. 유능한 영업실무자가 되기 위해서는 자신의 상품과 서비스에 대한 고객의 관여수준에 대한 이해를 근거로 고객의 관여도에 맞는 적절한 영업활동을 수행해야 한다.

(1) 관여도의 개념은 다음과 같다

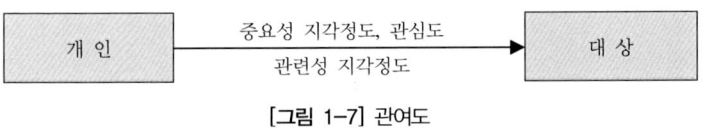

[그림 1-7] 관여도

① 주어진 상황에서 특정 대상에 대한 개인의 중요성으로 고객의 지각 정도(perceived personal important) 혹은 관심도(interest)
② 주어진 상황에서 특정 대상에 대한 개인의 관련성 지각 정도 (perceived personal relevance)로 필요의 수준과 연관
③ 제품에 대한 관여도가 높으면, 의사결정에 많은 노력을 기울이고 관련 제품정보에 많은 주의를 기울이고 깊이 생각한다.

(2) 관여도의 결정요인은 다음과 같다

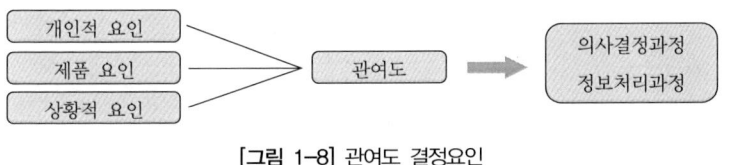

[그림 1-8] 관여도 결정요인

관여도에 대해 좀 더 자세하게 알아보도록 하자.
① 한 제품에 대한 관여도는 개인마다 다르다.
② 제품에 따라 개인의 관여 정도가 달라진다.
· 고객 자신의 중요한 욕구와 가치를 충족시키는 제품, 즐거움과 쾌락적 가치를 부여하는 제품, 지각된 위험수준이 높은 제품에

대해 높은 관여도를 보인다.

- 지각된 위험은 신체적 위험, 성능 위험, 심리적 위험, 사회적 위험, 재무적 위험, 시간손실 위험 등으로 구성되어 있다.
- 그리고 제품에 대한 개인의 관여도는 상황에 따라서도 달라진다.

고객의 관여도는 다음의 요인들에 영향을 받는다.

- 고객에게 중요한 경우로 고객의 자아 이미지와 제품이 연결될 때 관여도는 높다.
- 고객의 관심이 지속되는 경우로 유행에 민감한 고객은 옷에 관심을 갖는다.
- 중대한 위험이 포함되어 있는 경우로 지각된 위험의 정도에 따라 관심의 수준이 다르다.
- 감정적인 소구가 있는 경우로 어떤 제품에 대한 마니아들이 갖는 관심의 정도 역시 달라지며
- 고객이 속한 준거집단의 규범과 관련이 되는 경우에도 관여도 수준은 영향을 받게 된다.

(3) 관여도의 유형을 살펴보면 다음과 같다

① 지속적 관여(enduring involvement)

- 고객이 어떤 제품군에 대하여 지속적으로 갖는 관여
- 제품이 자신의 중요한 가치(centrally held value)와 관련되거나 자아(ego)와 관련될수록 지속적 관여도는 높아진다.

② 상황적 관여(situational involvement)

- 상황에 따라 변화하는 관여수준으로

・특정상황에서 위험을 크게 지각할수록 관여의 수준은 올라간다.

(4) 관여도와 고객의 행동유형

고객은 자신의 관여수준과 의사결정의 방법에 따라 4가지 행동유형을 보인다. 이 내용을 보면 고객들이 보여주는 구매행동의 다양성에 대한 이해를 한층 더 깊게 할 수 있을 것이다. B2C영업의 경우에도 영업의 성과는 고객의 욕구의 강도와 시간에 따라 결정이 된다. 신속하게 많이 비싸게 팔고 싶은 영업실무자의 로망은 B2C영업에서도 버려야 하는 영업에 대한 패러다임이다. 고객은 상품과 서비스를 판매만 하려는 영업실무보다, 자신의 구매행동에 따라 적절한 조언과 정보 그리고 도움을 주는 영업실무자와 거래를 하려 한다. 결론적으로 영업실무자는 자신의 상품과 서비스가 이 4가지 소비자의 행동유형 중 어느 행동을 유발하는가 이해하고 그에 맞는 준비를 한 다음 고객을 만나는 영업활동을 전개하는 능력이 요구된다. 다음의 표가 이 4가지 행동유형이다.

〈표 1-2〉 고객의 행동유형

	고관여	저관여
의도적 의사결정	복잡한 의사결정 신념, 확신이 중요 신념-평가-행동 충분한 탐색이 필요 적극적 학습이 요구됨	제한적 의사결정 신념-행동-평가 수동적 학습 추천, 고객집단, 준거집단에 따름
습관적 의사결정	상표 충성도 매니아층 행동이 우선 그다음 평가와 반응이 따름	타성에 의한 구매 신념-평가-행동 습관적 구매

3) 고객 욕구의 창과 영업방향

우리는 제1장에서 고객에게 있어서 자신의 필요와 구매력이라는 두 가지 요소가 제품의 구매를 결정하는 중요한 요소라는 것을 이해하였다. 그리고 영업활동은 고객의 욕구와 구매력에 맞게 전개되어야 한다는 것을 알게 되었다. 오늘날의 모든 상품과 서비스는 고객이 필요하기 때문에 시장에서 유통되고 거래되는 것이다. 앞에서 알아본 고객의 구매행동유형도 이 두 가지에 영향을 받는다고 볼 수 있다.

고객의 필요는 상품과 서비스를 통해 자신이 얻고자 하는 성과, 해결하고자 하는 문제 그리고 채우고자 하는 욕구이다. 이 욕구가 구매행동으로 이어지도록 하는 것이 니즈이다. 따라서 욕구와 니즈는 고객에 따라 다르다. 고객의 라이프 스타일, 고객이 처한 상황, 고객의 개인적인 목표와 준거집단의 종류와 수준, 고객 개인의 일상생활에서의 불편함 등이 욕구와 니즈의 차이를 가져온다. 고객의 필요와 니즈는 항상 구매력에 우선한다. 구매력은 고객이 자신의 욕구를 채울 수 있는 수단인 상품과 서비스를 구매할 수 있는 능력을 말한다. 구매력이 있다는 것은 구매 의사결정이 다소 쉽다는 것이다. 때로는 충동구매를 가능하게도 하는 것이 구매력이다. 따라서 구매력이 있다고 해서 필요하지 않은 상품 혹은 서비스를 구매하는 고객은 없다. 필요성은 강한데 구매력에 한계가 있는 고객은, 이 구매력의 문제를 스스로 해결(구매력이 쌓일 때까지 기다리거나, 할부, 돈을 빌리거나 등)한다. 고객 스스로 해결할 수 없을 때, 고객은 자신의 구매력 문제를 해결하려고 영업실무자를 압박-협상(흥정)을 하기도 한다. 즉, 고객이 영업실무자와 협상(흥정)을 하는 이유는 자신의 구매력 부담을 줄이기 위해서이다. 따라서 고객의 구매력 문제는 고객이 해결할 문제이지 영업실무자가 해결해 줘야 하는 문제는 아니다.

고객의 욕구는 다음의 <표 1-3>에서 확인할 수 있는 것과 같이 4가지의 욕구의 창이 있다.

<표 1-3> 고객의 욕구 창과 영업활동 방향

	높은 필요	낮은 필요
구매력 강	Champion 고객 In Bound 고객 Pull 영업 상담과 흥정 수준이 중요 먼저 확보하는 것이 중요	불씨 고객 탐색, 관망하는 고객 필요를 만들고 자극하는 영업활동이 필요 가치에 대한 정보제공 우호적 관계유지
구매력 약	흥정하는 고객 구매력 문제에 대한 솔루션 제안 흥정 중심으로 구매 필요를 유지, 개발하는 영업활동 (체험, 습관화 등)	이름 모를 씨앗 고객 흥미, 관심 유발하기 장기적인 관계 유지 인내심을 갖고 기다리기

영업실무자는 자신과 상담 중인 고객 또는 신규 고객이 욕구의 창 중에 어디에 속하는가를 판단한 후 적절한 영업활동의 방향을 잡아야 한다. 특히 고객이 가진 욕구의 강도를 먼저 파악하는 것이 필요하다. 고객이 자신의 구매력 문제(가격이 비싸다 등)를 먼저 이야기하더라도 제품과 서비스가 가진 가치를 고객이 명확하게 인식하도록 해 강한 욕구를 유발할 수 있어야 한다.

2. 고객분석을 통한 상품 가치강화

고객을 분석하는 목적은 고객이 누구인지, 고객이 원하는 가치가 무엇인지를 정확히 파악해 고객 중심의 영업활동을 전개하기 위해서이다. 유능한 영업실무자가 되기 위해서는 고객이 언제, 어떤 상황에서 어떤 불편함을 해결하거나 편리함을 위해 상품과 서비스를 구매하는지를 알아야 하고, 때로는 고객이 구매를 보다 편리하게 해주는 기회를 제공해 주기 위해서라도 고객을 잘 알아야 한다.

영업실무자와 상품을 판매하는 조직은 고객과 떨어져서는 안 된다. 고객과 고립된 영업실무자와 조직은 더 이상 고객으로부터 경제적인 결과를 얻을 수 없다. 또한 고객 스스로 고립되거나, 이탈하려는 것도 해결할 수 있어야 한다.

고객과 고립된 조직과 영업실무자는 고객이 누구인지, 무엇을 원하는지, 자신들의 차별적이 요소가 무엇이고 이것이 고객에게 어떤 가치가 있는지, 고객으로부터 더 많은 가치를 획득하기 위해 무엇을 준비하고 전달할지 모르게 된다. 즉, 조직과 영업실무자가 고객으로부터 고립되면 더 이상의 가치 창출이 어렵게 된다는 것이다.

특히 B2C 영업실무자는 자신이 만나고 관리하는 고객에 대한 이해도 수준이 그 고객과의 인간관계만 아니라 거래관계까지도 영향을 받는다는 것을 알아야 한다.

고객을 얼마나 잘 알고 있고 고객이 기꺼이 돈을 지불하는 가치가 무엇인지를 파악할 수 있다면, 고객의 욕구에 맞는 맞춤식의 영업활동이 가능하다. 특히 B2C영업은 더더욱 개별화된 접근과 가치제안이 요구된다. B2C고객의 니즈와 욕구가 다양하다는 것은 앞에서 알아보았다. 이제는 구체적으로 이 니즈와 욕구를 어떻게 개별화할 것인가가 과제이다. 개별화된 영업활동은 고객의 만족도 수준을 더욱 향상시킬 것이고 그러한 고객은 영업실무자에게 더 많은 거래관계를 만들고 유지할 수 있을 것이다.

다음의 내용은 B2C 영업실무자들이 알아야 하는 고객에 대한 지식이다. 고객에 대한 지식이 많을수록 영업에서 성공할 수 있는 가능성은 높아진다. 각 내용을 읽어보면서 스스로 고객에 대한 지식 수준을 점검해 보기 바란다.

다음의 [그림 1-9]는 영업실무자가 영업활동을 하면서 고객을 분석하고 적절한 가치강화를 위해 활용하면 좋은 영업활동 프로세스이다. 특히 기존고객을 관리하는 도구로 활용하면 유용할 것이다.

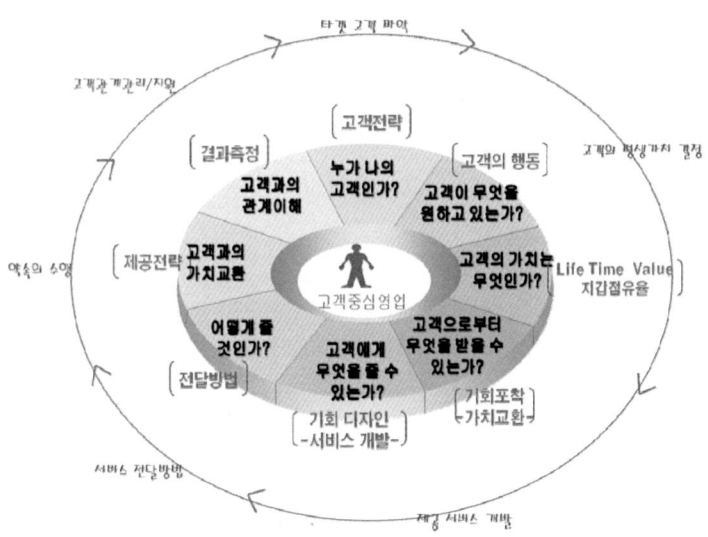

[그림 1-9] 고객분석과 영업활동 프로세스—솔루션 비즈니스 마케팅 중에서—활용

기존고객의 영업기회는 거래유지, 거래확대, 교차판매와 상승판매 (up-selling)이다. 그리고 추천 등의 도움을 받을 수 있다. 이런 기회를 잡기 위해서 영업실무자는 단순한 판매전문가가 아닌 고객의 파트너가 되어야 하고, 이는 자신의 고객을 얼마나 잘 알고 있는가에 따라 결정된다. 고객의 라이프 스타일 수준과 생애가치(life time value), 그리고 고객의 지갑점유율 분석을 통해 고객을 잘 이해해야 한다. 이로써 그 고객으로부터 추가 거래기회와 영업의 지원(추천, 입소문 등)을 받을 수 있다. 이를 위한 또 하나의 방법은 고객이 이미 구매한 자사의 상품과 서비스의 가치를 더 많이 누리도록 다양한 서비스를 제공해야 한다. 필요하다면 고객의 구매과정을 단순화시켜 쉽게 구매하도록 지원할 필요도 있다. 고객과의 진정한 거래관계는 구매 전에 일어나는 것이 아니고 구매 후 고객이 상품과 서비스의 가치를 누릴 때 발생하고, 이 가치의 수준이 고객으로 하여금 영업실무자와 상품에 대한 관계지속을 판단하는 기준이 된다.

고객이 자신과 혹은 자사와 거래를 하는 모든 접점에서 고객이 느끼는 불편함이 있다면 이를 재빨리 제거해야 한다. 이 접점에서 다른 경쟁사보다 차별화된 가치를 제공할 수 있다면 그 기회를 놓쳐서는 안 된다.

이를 위한 두 가지 방법(자사 제품의 가치강화, 구매 시나리오 혁신)에 대해 알아보도록 하자.

1) 자사 제품의 가치를 강화하라

영업실무자는 자신이 고객에게 제안하는 상품이 가진 가치(고객의 문제를 해결해 주고 편리함을 주며 구매의 효용을 극대화하는)를 다양하게 개발하고 또 적극 활용할 수 있어야 한다. 이를 통해 고객에게 더 많은 편리함과 가치를 제공해 고객이 지속적으로 머물게 할 수 있기 때문이다. 물론 이 가치강화는 새로운 고객을 확보하는 데도 활용될 수 있다.

고객은 자신의 필요와 니즈를 충족시키기 위해 어떤 상품을 구매할 때 상품선택을 결정하는 데 사용하는 속성을 갖고 있다. 이를 결정속성이라고 한다. 이 결정속성은 상품과 서비스가 존재하는 가장 근본적인 이유가 된다. 자동차의 결정속성은 빨리 달리는 것이고, 스마트폰의 결정속성은 통화이다. 이 결정속성은 고객의 근본적인 필요와 니즈를 해결해 주는 것이다. 어떤 경우에는 고객의 구매경험(구매과정과 구매 후 이동과정 그리고 사용 중, 사용 후 경험하는 여러 가지 좋고 불편한 경험들)이 결정속성이 될 수도 있다. 이 결정속성은 영업실무자가 고객을 만날 때 반드시 파악해 활용할 수 있어야 한다. 물론 이 결정속성은 고객의 사용상황, 사용하는 때에 따라 고객이 추구하는 편리함은 달라진다. 오늘날 대부분의 B2C기업과 영업실무자들은 이 결정속성을 잘 알고 있다. 따라서 결정속성만으로는 차별화된 가치를 제안할 수 없다는 것이다. 보다 고객지향적이고 고객이 구매를 결심하게 하는 추가 가치를 개발해야 한다. 이에는 다음의 4가지 방법이 있다.

(1) 고객이 원하는 병행적 욕구를 파악하라. 병행적 욕구는 고객이 구매한 상품을 사용하면서 느끼고 채우고자 하는 결정속성 외의 다양한 욕구들이다. 커피를 마실 때 커피 맛이 결정속성이라면 커피 향기, 분위기, 온도, 이미지들이 병행적 욕구에 포함된다. 따라서 순수한 커피 맛 외의 욕구 때문에 다른 커피보다 비싼 커피를 기꺼이 구매하는 고객들이 있다. 집에서 커피를 마시

기보다는 커피숍에서 커피를 마시는 것 역시 고객이 추구하는 병행적 욕구와 관계가 있다. 영업실무자는 자신의 상품에 대해 고객들이 추구하는 결정속성 외 다양한 가치를 누릴 수 있도록 고객을 도와 주는 노력이 필요하다. 병행적 욕구는 다른 말로 표현하면 같은 값이면 다홍치마와 같다. 같은 영업실무자이면 더 전문성을 갖춘 영업실무자를 원하고, 같은 상품과 기능이라면 더 작고, 예쁘고, 실속 있는 상품으로 원하는 것과 같다.

(2) 고객의 구매패턴을 파악해 구매의 편리함을 제공하라. 구매과정이 번거롭고 많은 수고가 들어간다면 고객은 구매를 포기하거나 다른 구매처로 이동을 한다. 최근 온라인 구매가 활성화되는 이유 중 하나가 편리함 때문이다. 따라서 구매과정을 단순하고, 즐겁게 그리고 연속구매가 가능하도록 하는 것이 필요하다. 고객의 구매패턴을 분석해 고객이 생각하지 못한 숨겨진 비용(hidden cost-시간, 에너지, 탐색비용 등)을 줄일 수 있는 방법을 제안할 수 있어야 한다.

(3) 더 많은 가치를 경험하도록 지원해 주어야 한다. 이를 위해 고객들이 실제로 상품과 서비스를 사용하는 방법, 과정을 관찰한다. 흥미로운 것은 고객은 상품과 서비스를 사용할 때 자신이 아는 기능과 혜택만 사용한다는 것이다. 즉, 상품과 서비스가 가진 모든 기능을 다 알지 못하거나, 다 알더라도 모든 기능을 적절하게 사용하지 않거나 못하는 것이다. 가장 큰 이유는 고객이 그 기능이 있는지조차 모르기 때문이다. 영업실무자는 고객에게는 상품과 서비스의 전문가이다. 따라서 고객이 상품과 서비스의 기능을 모두 알고 그 편리함과 혜택을 누리도록 정보를

제공하거나(블로그 등을 활용해) 사용법을 알려 주어야 한다. 상품과 서비스를 더 많이 더 자주 사용하게 되면 고객은 상품과 서비스에 습관화되고, 상품과 서비스가 고객 생활의 일부분이 된다. 그 결과는 고객의 구매빈도, 양을 늘리는 것, 추천 등으로 나타날 것이다.

(4) 고객이 사용과정에서 느끼는 불안감, 위험을 파악하고 해소해 주어야 한다. 당신이 자동차 수리를 위해 자동차를 정비소에 맡길 때 해결하고 싶은 위험은 무엇인가? 정비의 정확함, 가격의 합리성, 정품 사용 등등일 것이다. 이 위험요소를 미리 해결해 줌으로써 고객의 상품과 서비스에 대한 고객들의 신뢰를 구축할 수 있다.

추가로 상품과 서비스의 다양한 속성(위의 결정속성을 가능하게 하는)과 그 속성에 대한 고객의 감정과의 관계를 잘 이해해 영업활동에 활용하는 지혜가 요구된다. 여기에는,

(1) 기본속성: 이는 고객이 제조사에 관계없이 특정 상품에 대해서 갖고 있기를 바라는 상품의 기본적인 속성, 기능, 성능, 품질이다. 고객이 원하는 이 속성을 갖고 있지 않은 상품은 시장에 진입조차 불가능할 것이다. 이 속성을 필수속성이라 할 수 있다. 또 상품의 속성이 경쟁사 상품보다 나쁘지 않는 한 고객들은 다소의 불편함을 참아 주는 속성이 있는데 이를 용인가능속성이라고 한다. 다른 상품을 구매하더라도 그 불편함은 마찬가지라고 느끼는 속성을 말한다. 만일 이 용인가능속성을 신속하게 해결해 주는 서비스를 제공해 준다면 차별화된 가치를 고객에

게 제공할 수 있을 것이고, 이는 새로운 고객확보로 이어질 것이다. 이 기본속성에는 필수속성, 용인속성, 의문속성이 있다.

(2) 구별속성: 어떤 상품을 다른 경쟁 상품과 구별해 주는 속성을 말한다. 이 구별속성에는 차별속성, 불만속성이 있다. 모든 조건이 동일한 상태에서 차별화된 가치를 제공해 주는 한두 가지 속성이 여기에 해당된다. 최근의 자동차 광고에서 안정성을 벗어난 서비스 기간의 확대가 이 속성을 강조하는 것으로 보면 된다.

(3) 고착화속성: 속성의 영향력이 아주 강해 상품을 경쟁사의 상품과 구별할 뿐 아니라, 구매결정에 핵심적인 역할을 하는 속성을 말한다. 더욱 이 속성은 고객으로 하여금 반복구매를 가능하게 하기도 하지만, 상품전환을 야기하기도 한다. 여기에는 흥분속성과 분노속성이 있다.

이를 하나의 표로 정리하면 다음과 같다.

〈표 1-4〉 제품속성과 고객의 감정-영업에의 활용

	기본속성	구별속성	고착화속성
긍정적 감정	필수속성 적어도 경쟁상품만큼은? 훨씬 더 잘할 필요는 없음	차별속성 고객에게 중요한 속성이라면 다른 경쟁사보다 더 잘해야 함	흥분속성 경쟁업체보다, 경쟁자보다 더 잘해야 함
부정적 감정	용인속성 경쟁사 또는 경쟁상품만큼만 훨씬 더 잘할 필요는 없음	불만속성 경쟁사보다 더 잘하고 문제를 신속하게 해결해야 함	분노속성 어떻게든 문제를 해결하고 경쟁사의 분노속성을 역이용함
중립적 감정	의문속성 세분시장에 집중하는 것이 좋다.		

구별속성과 고착화속성은 영업실무자의 적절한 판매활동을 통해 해결할 수 있는 요소들이다. 물론 적절한 서비스를 통해서도 충족이 가능하다. 영업에서 높은 성과를 원한다면 앞에서 알아본 4가지의 가치강화 방법을 활용해 차별화된 가치를 개발해 고객에게 제안할 수 있어야 한다.

용인속성과 불만속성 그리고 분노속성을 그대로 방치하는 것은 장기적인 거래에 치명적인 영향을 준다. 고객은 인정사정이 없는 분노로 바뀔 것이고 경쟁상품으로 발길을 돌릴 수도 있기 때문이다.

영업에서 성과를 올리고 유능한 영업실무자가 되고, 고객 중심의 가치개발을 위해 다음의 질문들을 하고 답을 찾기 바란다.

(1) 고객들은 어떤 방법으로 우리의 상품이나 서비스에 대한 욕구를 인식하는가? 고객이 습관적으로 또는 사용과정에서 추가 구매의 욕구와 필요를 알도록 하라.

(2) 고객들은 어떠한 방법으로 우리 상품과 서비스를 발견하는가? 쉽게 발견하고 쉽게 구매하도록 지원하라.

(3) 고객들의 최종선택 방법은 어떻게 되는가?

(4) 고객들은 어떠한 방법으로 자사의 제품이나 서비스를 주문하고 구매하는가?

(5) 우리의 상품이나 서비스는 어떠한 방법으로 배달되는가?

(6) 우리의 상품이나 서비스가 배달될 때 어떤 일이 발생하는가?

(7) 우리 상품은 어떤 식으로 설치되는가?

(8) 고객은 어떠한 방법으로 결제하는가?

(9) 우리 상품을 어떤 식으로 보관하는가?

(10) 우리 상품은 어떤 식으로 이동되는가?

(11) 고객이 우리 상품을 실제로 사용하는 목적은 무엇인가?

(12) 고객이 우리 상품을 이용할 때 어떤 도움이 필요한가? 고객이 경험하는 불편함은 무엇인가?

(13) 보상이나 교환 정책과 시스템은 어떤가?

(14) 우리 상품은 어떤 식으로 수리되거나 서비스되는가?

(15) 고객이 우리 상품을 더 이상 사용하지 않을 때 어떤 일이 발생하는가?

위의 질문들에 대한 답을 영업실무자는 자신의 영업활동에서 자신이 책임질 수 있는 범위 내에서 개발하고 실행할 수 있다면 고객으로부터 인정받는 영업실무자가 될 수 있을 것이다.

2) 고객의 시나리오를 분석하고 혁신하라

영업실무자와 조직은 나름대로의 판매 시나리오, 즉 영업 시나리오가 있다. 조직과 영업실무자는 자신들의 시나리오에 고객이 큰 불만과 불평을 갖지 않기 바란다. 그리고 고객 또한 나름의 구매 시나리오가 있다. 고객의 구매 시나리오는 앞의 의사결정과정 중 직접 구매행동을 하는 것을 말한다. 그리고 판매, 즉 영업 시나리오는 고객의 구매 시나리오에 영향을 받는다.

영업조직과 영업실무자가 고객의 구매 시나리오에 영향력을 행사할 수 있다면 영업활동과 판매활동에 훨씬 유리할 것이다. 이는 판매활동과 구매활동의 공통분모를 찾아 고객이 구매활동을 하는 매 순간 차별화된 경험을 함으로써 고객의 결정에 영향을 미침으로써 가능하다. 아래의 고객의 구매 시나리오는 In Bound 영업 상황을 중심으로 정리된 것이다.

고객의 구매 시나리오를 효과적으로 수행하는 방법으로는,

(1) 목표고객을 정한다. 세분고객(개인, 단체고객)을 명확하게 정의한다.
·자사의 매장을 방문하는 고객
·영업실무자를 방문하는 고객
(2) 고객이 달성해야 할 목표를 파악 후 설정하는데 이는 고객이 원하는 것이어야 한다.
·고객이 매장을 방문하는 이유, 채우고자 하는 욕구
·자사의 상품을 고객이 구매해야 하는 이유와 그 결과로서의 이익, 가치
(3) 고객의 특정 상황을 가상한다.
·고객의 현재 상황
·고객이 자사와 거래를 하는 상황
(4) 시나리오의 출발점과 종착점을 결정한다.
·고객의 매장인식~구매 후 매장 나가기까지의 순서
(5) 모든 시나리오의 변형을 되도록 많이 엮어 낸다. 이를 통해 고객이 직접 그 가치를 경험하도록 한다.
·콘테스트, 경험기회 확대
·사용 수기 대회
(6) 고객이 수행하는 각 단계와 그 단계에서 고객이 원하는 경험을 도출한다.
·경험, 체험하게 하는 것

(7) 위의 시나리오 실행을 위한 다양한 내부 기능들의 연결, 연계활동

차별적이고 경쟁력 있는 고객의 시나리오 개발을 위해서는 다음의
표를 활용하도록 하라.

〈표 1-5〉 고객 시나리오 개발시트

항목	현재 분석	개선된 시나리오
목표고객		
고객이 원하는 것		
고객의 특성		
고객의 출발과 종착		
고객의 행동 프로세스		
내부기능의 연결		

영업실무자 또는 조직은 자신들이 목표로 하는 고객을 명확하게
정한다. 고객의 수준, 구매력, 개인적인 특성, 구매빈도 등을 중심으
로 집중할 고객을 선정한다. In Bound 영업을 하는 경우에는 매장을
찾는 모든 고객을 대상으로 하는 것이 아니라, 매장고객 중 자사의
매출에 가장 큰 영향을 주는 고객을 선정하면 된다. 현재 집중하는
고객이 잘못 선정되어 로열티 고객을 놓치게 될 경우를 막기 위해서
이다. 목표고객을 선정한 후 그 고객들이 진짜로 원하는 것이 무엇인
지를 파악한다. 고객은 구매과정에서 상품을 구매하는 이상의 것을
기대한다. 다음으로 고객의 특성(구매이유, 빈도, 인구통계학적, 사회
학적 특성)을 파악한다. 그다음으로 고객의 현재 구매 프로세스를 분
석한 후, 고객이 갖는 불편함이나 고객이 추가로 요구하는 것이 무엇
인지를 파악해 판매 프로세스를 혁신하는 포인트를 찾는다. 이렇게

파악한 정보를 자사 내부(매장 내부)의 여러 기능을 효과적으로 재배치하고 연결해 고객이 쉽고 편하고 즐겁게 구매하도록 해 다시 찾고자 하는 마음이 생기도록 하는 것이다.

이러한 판매활동의 개선과 혁신을 통해 고객이 자사에 고착되도록 하는 데 성공한다면 조직이든 영업실무자든 더 많은 영업의 성공기회를 확보할 수 있을 것이다. 고객이 자사의 제품과 거래유형에 습관화가 된다면 웬만해서는 경쟁사로 떠나지 않는 충성고객이 될 수 있다. 이러한 고객은 매출을 올려주는 이상의 가치를 제공해 주는 챔피언 고객이 될 것이다. 영업실무자는 자신과 접촉하는 고객을 철저하게 분석해 다수의 챔피언 고객을 확보하는 데 노력을 기울여야 한다.

영업실무자가 고객을 분류하고 고객과의 밀착도를 올리기 위해서는 고객에 대한 지식이 풍부해야 한다. 영업실무자의 고객지수가 높아야 한다. 이를 위해서 다음의 정보들을 파악하고 관리할 필요가 있다.

(1) 영업실무자에게 최고의 고객군은 누구인가?

① 영업실무자가 생각하는 최고 고객의 조건은?

② 최고의 고객이 창출하는 경제적인 이익은?

③ 각 고객군별로 목표이익은 어떻게 잡는가?

④ 최악의 고객과 그들이 이익 공헌도는?

⑤ 각 고객군에게 기대하는 최소의 이익은?

(2) 고객의 구매행동에 대한 영업실무자의 이해수준은?

① 고객들의 영업점 방문 빈도는?

② 고객들이 떠나가는 비율은?

③ 경쟁 브랜드에서 고객이 전환해 오는 비율은?

④ 고객들의 구매당 구매금액은?

⑤ 지난 5년간 고객의 총 구매액은?

⑥ 고객의 총 소비수준과 당신이 차지하는 비중은(장바구니 점유율)?

⑦ 고객이 영업실무자인 당신의 가치제안을 경쟁자보다 가치 있게 판단하는 이유는?

⑧ 가격을 10% 정도 올린다면 얼마나 많은 고객이 이탈할 것으로 예상하는가?

(3) 고객 분류기준은?

① 당신은 어떤 기준으로 고객을 분류하는가? 욕구나 라이프 스타일 혹은 지역, 성별 등 다른 기준은?

② 각 고객군별로 어떻게 차별화된 서비스를 제공하는가?

③ 각 고객군별로 목표로 하는 이익수준은?

④ 차별화 서비스의 이익은?

(4) 새로운 고객을 어떻게 발굴하는가?

① 해당 고객을 목표고객으로 선정한 이유는?

② 그들을 어떻게 차별화할 것인가?

③ 고객들에게 차별화된 서비스를 제공할 때 기대하는 결과는?

④ 각 고객군별로 투입하는 자원의 수준을 결정하는 기준은?

(5) 각 고객별 이익의 정도는?

① 고객별 거래빈도, 거래규모, 신규거래 등을 파악하는가?

② 고객의 행동 변화를 어떻게 이끌어 내는가? 고객들의 행동변화를 어떻게 파악하는가?

③ 고객별 창출되는 이익의 규모는 어느 정도이고 어떻게 차이가 나는가?

1. 고객의 구매결정 프로세스는 고객과 상품에 따라 다르다.

2. 영업실무자는 자신이 상담하는 고객이 고객구매 의사결정 과정 상의 위치를 파악해 적절하게 대응할 수 있어야 한다.

3. 고객은 자신의 상황, 상품의 가치, 자신이 처한 상황에 따라 서로 다른 관여도를 보인다.

4. 고객의 관여수준과 의사결정의 방법에 따라 고객과의 판매활동을 차별화할 수 있어야 한다.

5. 고객은 필요와 구매력이라는 요소로 욕구의 창이 별도로 있다.

6. 영입실무자는 이 욕구의 창을 영업활동 계획 수립의 중요한 근거로 삼아야 한다.

7. 고객이 상품을 선택할 때는 다양한 결정속성과 심리적인 반응이 있다. 이 결정속성과 심리적인 반응에 따라 판매활동과 차별화된 서비스를 개발해야 한다.

8. 고객이 자사와 거래를 하는 거래의 시나리오를 혁신해야 한다.

9. 고객에 맞는 다양한 방법을 통해 고객이 자사와 자사의 제품에 고착되도록 하는 것이 챔피언 고객을 만드는 비결이다. 챔피언을 만들어야 하는 이유는 챔피언 고객은 기대 이상의 가치를 제공해 줄 것이기 때문이다.

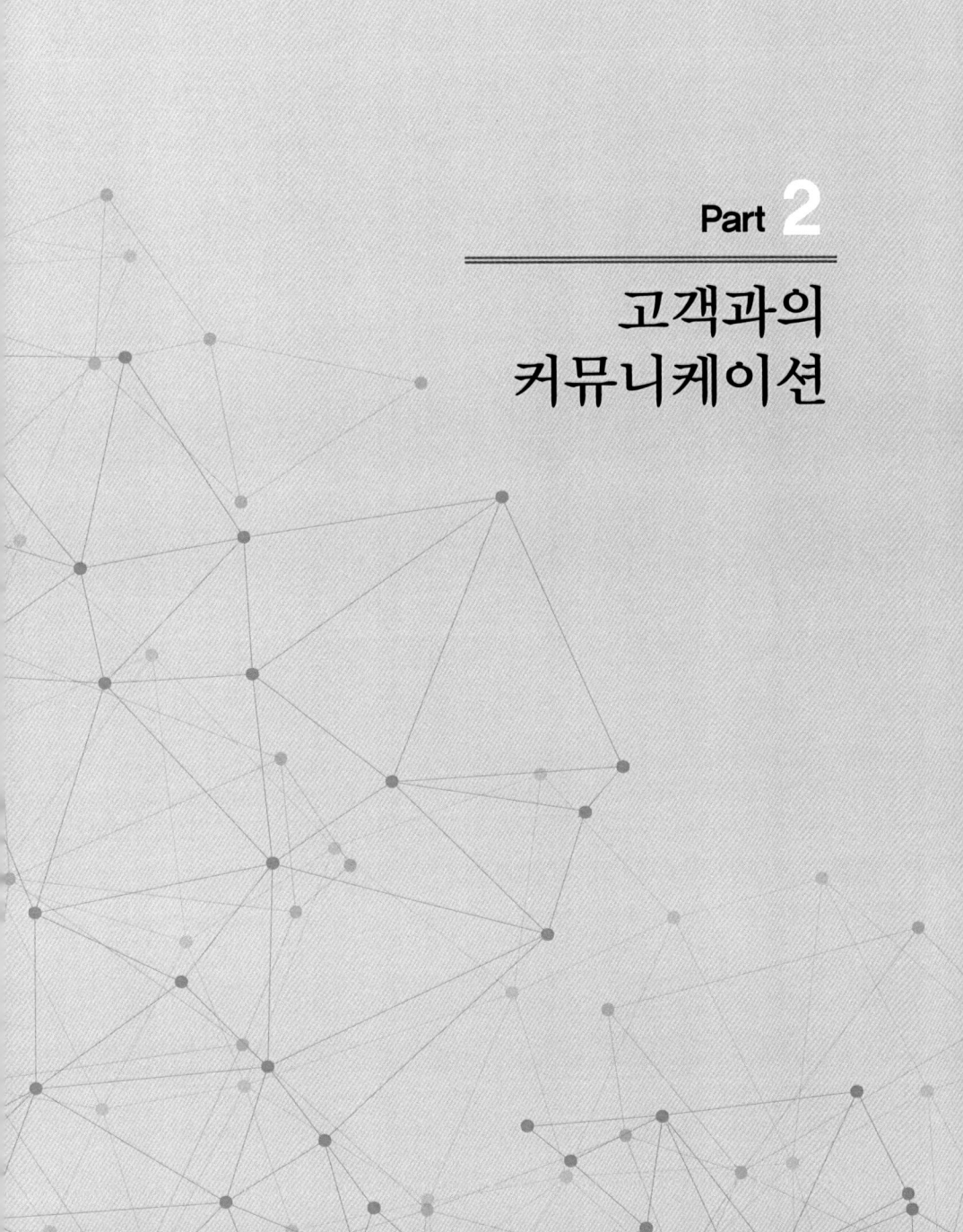

Part 2

고객과의
커뮤니케이션

제1장

고객을 파악하는
커뮤니케이션의 달인이 되라

⫸ 사례 1

고객: "가격이 너무 부담이 되는군요. 이래서는 남편에게 이야기조차 꺼내기 어렵겠어요"라고 한다. 그러자

영업실무자: "그럼 가격을 10% 정도 깎아 드릴 수 있는데, 그 가격이면 아주 좋은 조건입니다. 어디 가서도 이 가격에 구매하기 어려울 겁니다."

고객: "그 정도로는 어림도 없어요. 가격을 5% 더 깎아 주거나,~한 서비스를 제공해 주면 모를까요!"

영업실무자: "가격을 5% 더 깎아 주는 것은 어렵고, 서비스는 어떻게 해 드리는 것으로 해보겠습니다."

고객: "좋은 게 좋은 것 아닌가요. 여기까지 왔는데, 가격도 화끈하게 합의합시다. 최종적으로 가격을 15% 깎는 것으로 하지요."

영업실무자: 난감해진다. 지금 답하지 않으면 고객이 금방 자리를 뜰 것 같다. 그래서 결국 "어쩔 수 없네요. 그렇게 하지요. 어디 가서 이 가격을 주고 구매하였다고 하시면 안 됩니다."

고객: "당연하지요. 그럼 사은품도 끼워 주는 거지요. 다른 손님들

은 다 들고 나가던데……" 하면서 추가로 판촉용 사은품을 요청한다.

결국 영업실무자는 고객이 원하는 만큼 가격을 깎아 주고, 서비스도 추가로 제공해 주고 사은품까지 주면서 판매하였다.

⠿ 사례 2

고객: "가격이 너무 부담이 되는군요. 이래서는 남편에게 이야기조차 꺼내기 어렵겠어요"라고 한다.

영업실무자: "물론 그렇게 판단하실 수도 있습니다. 이 제품은 고객님이 생각하는 것 이상의 가치를 제공해 드립니다. 누구나 고객님과 같은 말을 하지만 결국은~한 편리함과 가치를 보고 구매해 가십니다. 심지어 남편분들이 더 좋아하십니다. 혹 확신이 가지 않으면 내일 남편분과 함께 오셔서 직접 사용해 보시고 남편분의 반응도 살펴보는 것이 어떻겠습니까?"

고객: "우리 애기 아빠는 바빠서 시간을 내기 어려워요. 그래서 내가 결정해야 하는데……"

영업실무자: "네, 그렇군요. 애기 아빠께서 직접보시면 좋아하실 텐데…… 그럼 사모님이 결정하실 수 있다는 말씀이군요. 당연히 예산도 충분히 준비하셨겠지요. 이 정도 상품이면 이미 남편분께서 충분히 지원해 주셨으리라 생각합니다."

고객: "그건 그렇지만……"

영업실무자: "뭐가 맘에 들지 않는 것이 있나요?"

고객: "가격이 너무 부담이 되는데……"

영업실무자: "어느 정도까지 예상하시고 오셨는지요. 참고로~한 분도 조금 전에 이 상품을 이 가격에 구매해 가셨습니다."

고객: "가격을 조금만 조정하면 결정하겠는데……"

영업실무자: "그럼 어느 정도를 원하시는지요?"

고객: "한 5% 정도 깎으면 안 될까요?"

영업실무자: "그 정도면 당장 결정하실 수 있나요? 그럼 잠시만 기다려 주십시오. 제가 윗분에게 물어봐야 합니다."

(영업실무자는 잠시 자리를 옮겨 상사에게 허락을 받는다.)

영업실무자: "어렵게 허락받았습니다. 그럼 결제는 어떻게 하실 건가요? 그리고 포장은 어떻게 하실 건지요?" 하면서 거래를 마무리한다.

위의 두 명의 영업실무자는 어떤 차이가 있는가? 판매의 결과로 무엇이 달라지는가? 왜 이러한 결과가 나왔을까?

영업실무자의 커뮤니케이션 능력은 곧 영업의 성과(매출과 영업이익률 확보)에 직접적인 영향을 미친다. 영업실무자는 영업 상황과 분위기, 그리고 고객의 메시지와 반응 및 태도에서 커뮤니케이션의 맥을 잡고 고객과의 상담을 주도할 수 있어야 한다. 커뮤니케이션 기술로 고객의 속 마음과 메시지 속에 담긴 의도하는 바를 제대로 파악하는 영업실무자만이 고객과의 상담을 주도하고 바람직한 영업 성과를 올릴 수 있다. 이번 장에서는 이 커뮤니케이션(특히 고객의 메시지와 마음을 파악하고 고객과의 상담을 주도하는 것)에 대하여 알아보도록 한다.

1. 영업 커뮤니케이션의 사이클과 장애물 이해 및 제거

1) 영업 커뮤니케이션의 이해

커뮤니케이션은 '언어, 제스처, 표정, 다양한 도구 등을 매체로 개인 또는 집단 상호간의 생각, 의견, 아이디어를 교류하는 상호작용적 활동'이다. 영업활동에서의 커뮤니케이션은 영업실무자와 고객 사이에 일어나는 수많은 상호작용이고, 다양한 의미를 지닌 메시지의 상호교환 활동으로 서로가 원하는 목표(상호간 좋은 조건의 거래)달성을 위해 서로를 설득하는 과정이다. 따라서 영업실무자와 고객이 가진 커뮤니케이션 능력이 거래의 수준을 결정한다고 볼 수 있다.

일반적으로 커뮤니케이션의 흐름과정은 아래의 그림과 같다.

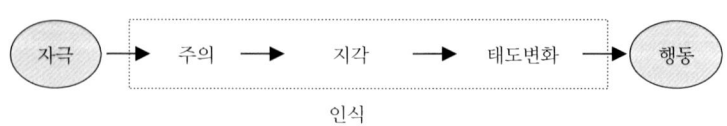

[그림 2-1] 커뮤니케이션 인식구조

위의 커뮤니케이션 인식구조는 설명이 필요 없을 만큼 명확하다. 즉, 외부의 자극인 다양한 메시지에 대해 고객은 주의를 기울이고, 자신의 경험과 지식 그리고 욕구를 기초로 지각하며, 이 지각에서 자신이 원하는 메시지가 확인되면 태도 변화를 결정하고 적절한 때에 행동을 취하는 것이다. 그런데 주의-지각-태도의 변화는 내면의 인식과정으로 겉으로 드러나지 않는다. 영업실무자는 고객과 주고받는 커뮤니케이션 인식과정에서 고객의 메시지와 반응, 행동을 통해 고객의 커뮤니케이션 의도를 추론하고 판단하여야 한다. 결국 영업실무자는 이 고객의 인식과정에 영향을 미칠 수 있는 메시지를 던질 수 있어야 한다. 따라서 영업실무자가 이 커뮤니케이션 인식구조를 바탕으로 고객과 상담할 때 효과적으로 활용한다면, 영업실무자가 원하는 목표를 달성할 수 있을 것이다.

효과적인 커뮤니케이션 기술은 까다로운 고객의 마음을 열게(고객의 인식과정을 영업실무자가 알도록) 한다. 고객 스스로 무엇이 문제이고 자신이 원하는 것이 무엇인지를 말하도록 한다. 또 고객의 저항·거절·거부 이면의 의미를 파악해 고객을 다시 설득할 수 있는 기회를 확보하게 해준다. 그래야만 고객의 니즈와 상황에 맞는 설득력 있는 영업 메시지를 제안할 수 있기 때문이다. 효과적인 커뮤니케이션은 영업실무자의 경쟁력을 강화시킨다. 결론적으로 영업실무자의 커뮤니케이션 능력은 고객과의 관계구축뿐 아니라 고객의 필요와 요구를 파악하고 고객을 설득하는 지름길이다.

영업실무자가 고객과 상담에서 활용할 수 있는 커뮤니케이션 구조와 흐름을 다시 정리해 보자. 위의 커뮤니케이션 인식구조를 영업 커뮤니케이션 구조로 단순화시키면 아래의 사이클로 정리할 수 있다.

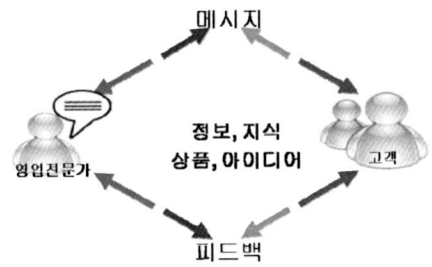

[그림 2-2] 커뮤니케이션 흐름과 구조-사이클

영업실무자는 자신이 제안하는 상품에 대한 지식(정보, 지식, 아이디어, 상품의 가치 등), 거래가치에 대한 정보 등을 자신의 메시지(표현되는 단어, 다양한 커뮤니케이션 도구-제안서, 시연 등을 언어, 비언어적인 방법으로)로 고객에게 전달한다. 이때 영업실무자가 고객에게 메시지를 전달할 때는 목적(고객의 흥미를 유발하고 구매를 고민하게 하는)이 있다. 이 목적의 달성 여부는 고객이 보여 주는 반응인 피드백(말, 행동)에 따라 결정된다. 즉, 고객이 영업실무자가 원하는 반응(계약, 재방문 약속, 체험의 기회 혹은 샘플 보여 주기 등 영업의 단계 진행을 허락하는)을 보인다면, 이 영업실무자는 고객과의 커뮤니케이션(고객으로 하여금 긍정적인 반응을 끌어내는)을 효과적으로 진행한 것이 되고 그 결과로 영업상담은 성공적으로 이루어지게 된다.

영업실무자로서 당신이 위의 커뮤니케이션 흐름과 구조를 이해하지 못하더라도 영업현장에서 매일, 매 순간 만나는 고객과의 모든 대화는 위의 사이클을 기반으로 실행된다.

당신은 고객과의 상담목적을 얼마나 효과적으로 달성하는가? 당신이 전달하는 메시지의 내용과 의도를 고객은 당신이 원하는 대로 받아들이는가? 그렇지 않다면 왜일까? 그리고 거기에는 어떤 장애물이 있을까? 만일 영업실무자의 메시지가 가진 목적이 달성되지 않는다면 커뮤니케이션 실패의 책임은 누구에게 있는가? 그리고 어디에서 문제가 발생하였고, 어떻게 이 문제를 해결할 수 있을 것인가? 만일 그 문제가 해결되지 않는다면 어떤 결과가 초래될까? 그리고 당신은 고객의 메시지와 메시지에 내포된 의미를 얼마나 정확하게 파악할 수 있는가? 고객이 전하는 메시지의 내용을 제대로 파악할 수 없다면 고객의 마음을 얻을 수 있는 반응과 메시지를 전할 수 없게 된다. 이번 장에서는 위의 영업 커뮤니케이션 사이클이 가진 문제와 장애물 그리고 그것을 극복하는 방법에 대해 알아보도록 한다. 그래서 고객을 제대로 설득하고 영업의 성과까지 보장받는 기회를 확보하도록 하자.

2) 영업 커뮤니케이션의 장애물

위에서 알아본 영업 커뮤니케이션의 사이클이 어떻게 작동되는지, 그리고 사이클이 작동되는 과정에서 커뮤니케이션이 잘 안되는 원인이 무엇인지 간단한 사례를 통해 알아보자.

당신이 상담 중인 고객이 고개를 가로저으며 *"그 가격은 너무 부담되는군요?"*라는 말을 한다. 대부분의 영업실무자들은 고객의 이러한 반응을 어떻게 해석하고 대응할 것인가? 대부분 다음의 두가지 반응을 보일 것이다.

영업실무자 1(마음속으로): *큰일이다. 가격이 비싸서 사지 않을 것 같다. 다른 회사와 거래하면 어떻게 하지? 일단 가격을 깎아 제안을 해봐야겠다. "그럼 가격을 몇 퍼센트 깎아 드리면 구매결정을 하시겠습니까?, ~한 조건도 저희가 무료로 지원해 드리는 것으로 하겠습니다."*

영업실무자 2(마음속으로): *뭔가 이유가 있겠지. 우리 상품의 가치 (문제해결과 고객이 얻는 이익)에 대해서 확신이 부족하다는 것인가? 아니면 진짜로 가격이 부담이 된다는 것인가? 이것을 먼저 확인해야겠군. 그리고 진짜 가격이 비싼 것이 원인이라면 어느 정도를 원하는지*

파악해 다른 조건들과 함께 흥정하여 진행해야겠군. 일단 원인부터 파악하자. "예, 충분히 이해합니다. 구매결정을 할 때는 신중할수록 좋은 것이죠. 가격이 비싸다고 말씀하셨는데 왜 그렇게 생각하시는지요?"

위의 두 영업실무자의 상담 결과는 어떻게 될까? 왜 고객의 말(가격이 부담된다)을 두 영업실무자는 다르게 해석하는 것일까? 영업실무자 1의 대응(깎아 준다고 제안을 하는-조건영업)으로 고객이 곧바로 물건을 살까? 만일 그렇더라도 서로에게 뭔가 아쉬움은 남지 않겠는가? 일반적으로 양보는 또 다른 양보를 부른다. 그리고 영업실무자가 먼저 가격을 깎아 준다고 모든 고객이 구매하는 것은 아니라는 것도 알아야 한다. 영업실무자가 가격을 깎아 준다는 제안을 하자 *고객이 "그 정도 가격도 부담이 돼요. 이왕 깎아 줄 바엔 5% 더…… 하지만 다른 조건도 부담되는 것은 사실이고……"*라고 한다면 영업실무자는 어떻게 대응할 것인가?

이러한 상황에서의 가장 효과적인 대응 방법은 일단 고객의 구매의사(상품의 가치를 인정하였는지 혹은 가격을 흥정하려는 의도인지, 아니면 다른 요구사항이 있는지)를 파악해야 한다. 그다음에 적절한 대응을 하여도 늦지 않다. 하지만 영업실무자 1은 고객의 말을 있는 그대로 받아들였다. 그 결과는? 고객이 구매하기로 한다면 그나마 다행이지만 대부분의 고객은 영업실무자의 가격 할인 제안을 그대로 수용하지 않고, 또다시 거부·거절하면서 영업실무자의 반응을 살피거나, 다른 조건의 양보 등을 요구한다. 그러면 영업실무자는 또 다른 조건을 양보하는 악순환을 반복하게 된다.

반대로 두 번째 영업실무자의 대응에 고객은 어떻게 반응을 보일까? 아직 고객의 메시지에 숨겨져 있는 고객의 진짜 의도를 모른다. 이때는 고객에게 가격이 부담되는 것이 사실인지를 파악하고, 또 고객의 이면(또 다른 이유가 있는지?)을 파악하기 위한 커뮤니케이션을 할 수 있어야 한다. 그래서 영업실무자는 *"그럼 제품에 대해서는 마음에 드시는 것으로 하고 가격을 조정·합의하는 흥정으로 전개해도 될까요?"*라고 물으면서 고객의 반응을 살피는 것이 현명한 커뮤니케이션 방법이다. 이때 고객이 그렇다고 대답하면 영업실무자는 흥정을 준비하면 된다. 만일 고객이 *"가격도 가격이지만 며칠 전에~한 부분이 좋지 않다는 이야기를 들어서 직접 그 문제를 확인했으면 좋겠어요 지금 직접 샘플을 볼 수 있나요?"*라고 한다면 영업실무자는 영업의 도구인 사례와 샘플로 고객을 불안감을 해소해 주는 영업활동을 추가로 제안해 고객의 구매결정을 촉구할 수 있어야 한다. 즉, *"그럼 제가 내일(혹은 특정한 날) 샘플을 갖고 재방문하겠습니다." "그렇다면 지금 직접 제품을 사용해 보시는 것은 어떨런지요?"* 또는 *"좀 더 확신을 드리고자 이번 구매와 관련된 분들과 함께 저희 매장에 오셔서 직접 사용할 수 있는 기회를 가져보는 것이 어떻겠습니까?"*라고 영업의 다음 활동을 제안할 수 있을 것이다.

이렇게 고객의 처음 반응(*가격이 비싸다*)에 숨겨진 의도를 제대로 파악하기 위해 영업실무자는 적절한 커뮤니케이션 기법을 활용할 수 있어야 하며, 고객의 속내와 말의 이면을 파악한 후, 적절한 대응을 할 수 있어야 한다. 지금까지 알아본 것과 같이 고객과 대화하는 영업실무자의 수준과 능력은 전혀 다른 영업의 성과를 가져온다.

위의 첫 번째 영업실무자는 고객의 말을 자신의 생각대로 짐작하고 추측해 자기 마음대로 결론을 내리고, 그 결과에 따라 다른 대응을 하였다. 물론 영업의 성과 역시 낮게 달성될 것이다.

　이처럼 고객의 말과 반응을 어떻게 해석하는가에 따라 그다음의 고객과 진행하는 커뮤니케이션 내용과 영업활동 내용이 달라지고 결과에 큰 차이를 가져온다. 그럼 왜 두 영업실무자는 고객의 말을 서로 다르게 해석하였을까? 그 이유는 다음의 [그림 2-3]에서 알 수 있다. 앞에서 알아본 [그림 2-2]의 영업 커뮤니케이션 사이클과의 차이점을 발견하였는가? 바로 필터라는 단어이다. 고객과 영업실무자가 주고받는 많은 메시지를 서로가 어떻게 해석하고 반응하는가는 각자의 필터가 상대의 메시지를 어떻게 받아들이고, 해석하고, 분석하느냐에 달려 있다. 따라서 영업상담에서 주고받는 모든 메시지에 대한 해석과 반응의 차이는 영업실무자와 고객이 가진 필터에 따라 결정된다.

(1) 커뮤니케이션 장애물 – 필터

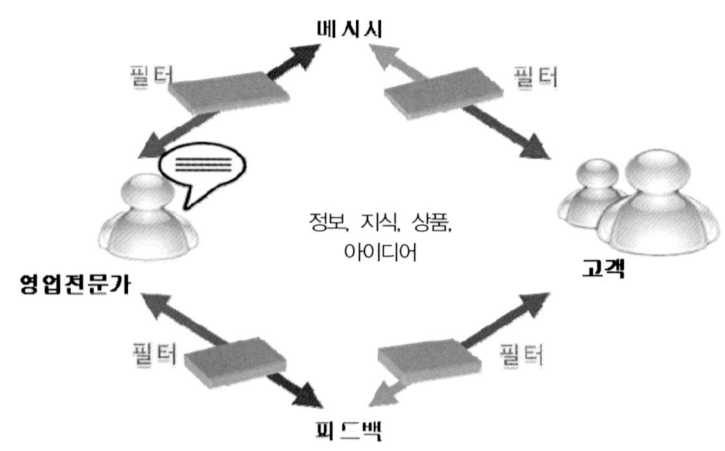

[그림 2-3] 영업 커뮤니케이션 사이클과 필터

[그림 2-3]에서 알 수 있듯이 필터는 커뮤니케이션의 원활한 흐름을 방해한다. 그리고 각자가 가진 필터는 같지 않다. 서로 주고받는 모든 메시지는 필터를 거치면서 그 내용이 바뀌거나 다르게 해석된다. 그러면 영업 커뮤니케이션의 원활한 흐름을 가로막는 필터는 어떻게 형성되는 것일까? 그 답은 다음의 그림에 있다.

다음 [그림 2-4] 중 좌측 그림은 내면에서 발생하는 필터 발생원인으로 사람은 서로 다른 경험과 지식, 스타일, 욕구, 목표, 심리상태, 가치관, 역할이 있다. 이 차이들이 외부의 메시지를 자신에게 유리한 것으로 혹은 자신에게 필요한 것으로 그리고 자기중심적으로 해석을 하게 하는 필터 역할을 한다. 그에 따라 자신에게 전달되는 모든 외부의 메시지(언어, 비언어적인 메시지 모두)를 자신의 입장에서 해석한다. 그다음은 이 해석의 내용과 결과에 따라 자신의 말과 행동을 결정한다. 이러한 필터가 내면적인 필터이다.

[그림 2-4] 영업 커뮤니케이션 필터 발생원인

또 다른 필터의 발생원인은 대화하는 습관과 대화과정에서 발생된다. 고객이든 영업실무자든 상대방과 메시지를 주고받을 때 상대방의 메시지에 대해 '짐작하기', '단정 짓기', '여과하기', '탈선하기', '꿈꾸기', '자기 위주로 생각하기', '충고하기', '비교하기' 등의 방법으로 메시지를 해석하고 받아들인다. 즉, 자신의 행동과 말을 자신이 원한 대로 상대방이 해석하고 행동하기를 기대하고 짐작하고 단정하는, 그리고 고객의 메시지와 말 또한 자기 중심으로 해석하고 결론을 내린다는 것이다. 이러한 이유로 상호간에 주고받는 메시지에 숨겨진 이면(모호한 표현이나 명확하지 않는 메시지에 숨겨진 의미)을 파악하지 않는 한 효과적인 커뮤니케이션이 어려워진다. 이때 필터의 개입으로 인한 상호간의 메시지 해석의 차이에 따른 오해가 발생하게 된다. 그리고 이 비효과적인 커뮤니케이션의 결과로 더 많은 불이익을 당하는 것은 대부분 영업실무자다.

이 필터의 차이는 일반적으로 '코드가 다르다'는 말로 표현되기도 한다. 동일한 상황을 해석하고 반응하는 데 사람마다 그 내용과 방법이 다른 이유이다. 고객의 필터와 영업실무자의 필터가 다른 이유는 개인적인 차이(지식, 경험, 가치관 등)도 있지만 역할과 목표와 성과의 차이가 큰 원인이 된다.

즉, 대부분의 영업실무자는 고객(오늘 처음 만난 고객이든 수개월 혹은 수년간 만나 온 고객이든 오늘 상담을 마무리하려는 조급함을 갖고 있다)과의 상담에서 빨리 그리고 쉽게 많은 양의 판매를 하는 계약 혹은 구매주문을 좋은 조건(비싼 가격)에 빨리 받는 것이다. 이를 영업실무자가 가진 로망이라고 한다. 이와는 반대로 영업실무자가 만나는 고객의 로망은 계획에 따라 필요한 상품과 서비스를, 필요한 만큼, 필요할 때 가장 유리한 조건(가능한 한 싸게)-으로 구매하는 것이다. 이 영업실무자와 고객이 가진 로망의 차이는 서로의 메시지와 반응에 대한 해석을 자기 중심으로 하게 하는 중요한 원인이 된다. 그리고 상품의 가치와 종류에 따라 고관여 제품의 경우 고객은 구매 결정을 할 때는 고객 혼자서 하지 않고 주변의 많은 이해관계자들과 협의 또는 정보교환을 통해 최적의 제품과 서비스를 구매한다. 이를 위해서 고객은 정보수집과 분석을 위해 상당한 시간을 필요로 한다. 이 정도의 차이라면 영업실무자는 고객과 상담하면서 무시해서는 안 되는, 아니 반드시 극복해야 하는 영업 커뮤니케이션의 장애물인 필터가 항상 개입한다는 것을 알아야 한다.

영업실무자의 메시지와 설명을 영업실무자가 원하는 대로 고객이 해석하지 않거나 못 하는 것, 그래서 영업실무자가 원하는 행동을 하지 않는 것은 고객의 실수나 잘못이 아니다. 고객이 상품과 서비스의 가치를 제대로 인식하지 못하는 것은 완전히 영업실무자의 책임이다. 가끔은 고객 입장에서 영업실무자의 메시지를 충분히 이해하였더라도 이해하지 못한 척하거나 다른 요구사항을 제안하거나 관심이 없는 척하면서 영업실무자를 조바심 나게 하기도 한다. 이것을 고객의 구매전략 또는 구매책략일 수 있다. 따라서 그 이유 역시 파악해 적절하게 대응하지 못하면 유능한 영업실무자(매출목표 달성과 매출이익률 보호라는 목표를 함께 달성하는)가 될 수 없다.

이 커뮤니케이션의 장애물을 이해하고 영업상황과 고객과의 상담에 적절하게 활용하는 것이 유능한 영업실무자가 되기 위한 가장 기본적인 지식이고 기술이다. 이를 위해서 영업실무자는 커뮤니케이션의 달인이 되어야 한다. 이 말은 말을 청산유수와 같이 잘해야 한다는 것이 아니다. 이를 오해하고 고객과 커뮤니케이션을 하는 영업실무자들이 의외로 많다. 상품과 서비스에 대한 정보가 부족했던 과거에는 B2C영업을 거래적 영업으로 생각하였기 때문에 화려한 화법이 영업실무자의 중요한 능력으로 인정을 받았지만, 다양한 도구(인터넷, SNS 등)로 정보의 불균형을 해결한 오늘날과 앞으로의 B2C영업은 거래적 영업에서 자문적 영업으로 패러다임이 바뀌고 있다. 이는 고객이 기대하는 영업실무자는 단순하게 상품과 서비스를 판매하는 영업실무자가 아니라, 자신이 구매하는 상품과 서비스에 대한 전문성으로 구매의 가치를 제대로 누리도록 도움을 주는 영업실무자를 원하기 때문이다. 고객이 기대하는 자문적 영업을 위한 바람직한 커뮤니케이션 달인은 고객의 마음을 읽고 고객의 말속에 숨겨진 의도를 파악하며, 고객의 표현 속에서 고객의 상황-구매 계획과 구매의 필요성, 해결할 문제 등-을 파악하여 고객의 니즈를 개발하고 고객의 구매상의 장애물을 파악해 해결할 수 있는 매력적인 제안을 할 수 있는 능력을 말한다. 때로는 고객의 말을 잘 들어 주는 것만으로도 판매에 성공할 수도 있다. 영업실무자가 커뮤니케이션 달인이 되는 방법은 뒤에서 자세히 알아볼 것이다. 그리고 필요할 때 고객을 설득하는 능력(말하는 능력) 또한 요구된다. 영업실무자가 고객과 상담에서 말을 하는 것의 목적은 고객을 설득하는 것이다. 이 설득에 대해서도 뒤에서 자세히 알아보도록 한다.

영업실무자와 고객 사이에 필터가 발생하는 또 다른 원인은 구매유형의 차이에서 나온다. 여기에 대해 알아보도록 한다.

다음으로 기억할 것은 여러 가지 고객의 구매유형이다. 다음의 유형들은 일반적으로 가장 쉽게 접하는 유형이다. 이 구매유형에 따라

고객의 요구에 차이가 발생한다. 고객이 영업실무자와 조직을 보는 관점과 선입견에 따라 이러한 차이가 발생하기도 한다. 이 부분에 대해 알아보도록 한다.

2. 고객의 구매 유형과 대응

사람들의 유형은 10인 10색이다. 이 말은 모든 사람들은 자신만의 독특한 성격과 유형(좋아하는 상품, 구매 스타일, 대화기법, 삶의 문제해결 등)이 있다는 것이다. 이 성격과 유형은 개인이 외부의 메시지에 대한 해석과 의사결정 스타일, 타인들과의 인간관계와 라이프 스타일을 결정한다.

영업실무자가 만나는 고객도 영업실무자를 대하는 방법(인간관계 형성방법, 대화방법)과 영업실무자에 대한 인식이 다르다. 물론 구매유형도 다르다. 고객이 영업실무자를 바라보는 관점-자신의 문제해결을 해 주는 전문가로서 영업실무자, 아니면 물건을 팔려고 테크닉(과장된 소개, 허풍, 책임지지 못하는 것을 약속하는, 무조건 밀고 나가는, 찰거머리형 등)을 구사하는 영업실무자-의 차이는 고객이 스스로 만들기도 하지만 대부분 영업실무자가 보여 주는 영업 스타일이 이 관점의 형성에 큰 영향을 준다. 따라서 일부 고객은 이러한 영업실무자에 설득당하지 않으려는 의도에서 자신만의 구매유형을 보여준다.

일반적으로 고객들의 구매유형을 영업실무자의 입장에서 살펴보면 다음과 같다. 각 유형에 대한 대응 방법도 정리되어 있다.

1) 성급한 고객

자신의 관심사만 질문하고, 영업실무자의 질문을 허락하지 않으며, 신속하게 결과(기다리지 못하고, 자신이 원하는 구매조건을 빨리 받아들이도록)를 요구하며, 자신의 요구에 신속한 영업실무자의 대응을 바라는 고객유형이다. 이러한 고객은 영업실무자의 설명을 듣기보다는 자신의 생각대로 밀어붙이는 특징을 보여 준다. 따라서 이러한 고객에게는

- 고객의 요구에 신속하게 행동하고 상품 설명과 제안도 '핵심만 강조하라.'
- 곧바로 본론으로 들어가라.
- 사적인 이야기를 너무 많이 하지 마라.
- 때로는 스스로 결정하도록 여유를 갖고 기다린다.
- 영업실무자로서 판매하려는 조급증을 보여 주지 마라.
- 만일 고객이 기다려야 한다면 그 이유를 설명하라.
- 고객이 어떤 행동을 해야 한다면 그 이유 역시 미리 알려라.

2) 느긋한 고객

영업실무자의 로망에 정면으로 대치하는 유형으로 신속하게 설득하기 어려운 상대이다. 때로는 고객의 구매책략일 수 있다. 도대체 결정하지 않는다. 시간을 두고 천천히 이것저것 물어보면서 영업실무자를 지치게 한다.

- 충분한 시간을 갖고 대응하라.
- 고객의 관심이 머무는 제품의 가치와 이익 그리고 욕구에 대해

‘약간 강하게 권고하라.’
- 고객이 고민하도록 하라.
- 조급하게 밀고 나가지 마라.
- 고객이 상품의 가치를 경험할 수 있는 기회를 제공하라.

3) 말이 없는 고객

무엇을 물어도 대답이 없다. 인사해도 건성으로 받는다. 때로는 상품에 흥미가 없다는 표정을 짓는다. 어떤 말과 제안을 해도 무반응이다.
- 고객의 동작과 표정을 유의하면서 주시하라. 그래서 고객의 요구
  사항과 관심사를 파악하라.
- 고객의 바디랭귀지에 민감하라.
- 지나치게 많은 말을 하거나 말을 걸지 마라.
- 흥미거리(유행이다.~가 구매를 했다 등)를 던져 반응을 살펴라.
- 고객이 질문할 때는 관심이 있다는 것이므로 쉽게 ‘구체적으로
  설명하라.’ 고객을 움직이는 강력한 세일즈 톡을 개발하라. 이때
  고객을 밀어붙이거나 지루한 설명으로 ‘너무 귀찮게 한다’라는
  이미지를 주지 않도록 하라.

4) 말이 많은 고객

이러한 고객은 인간관계를 중시하고 사교적인 성격을 가진 경우가 많다. 따라서 고객의 말을 중단시키지 말고 계속 듣도록 하라. 고객의 말을 인정하고 공감을 표현하면서 때로는 함께 대화함을 즐긴다는

것을 고객이 알도록 하라. 이러한 고객은 자신의 요구사항 또는 관심
사를 대화 중간에 흘리는 경우가 있다. 영업실무자는 경청을 통해 고
객이 원하는 것을 파악해 '재치 있게 영업의 기회로 잡아야 한다.' 이
러한 고객과 상담하거나 대화할 때는 고객의 말을 가로막거나 시간
이 없다는 이유로 고객과의 대화를 중간에 끊어 버리면 고객의 마음
을 얻을 수 없다. 따라서 이러한 고객과 상담할 때는 다양한 이야기
의 소재와 시간을 충분히 준비해 만나는 것이 좋다.

- 고객의 관심사에 맞는 다양한 대화의 소재를 준비하라.
- 다른 고객을 상대하기 위해 대화를 끊어야 할 때는 정중하게 허
  락을 받아라.
- 모든 대화에 대응하면 지친다. 적절한 타이밍에 벗어나라.

5) 결단성이 없는 고객(우유부단한 고객)

고객이 쉽게 결정을 내리지 못하는 것은 고객의 성격일 수도 있고,
또는 다른 제품과의 차이를 명확하게 인식하지 못해서 이기도 하며,
가격이 비싸 고객 입장에서는 많은 비용이 지출되기 때문일 수도 있
다. 그리고 이 구매비용을 줄이고자 구매에 대한 권한과 한계가 있는
척하면서 영업실무자의 양보를 끌어낼 작전일 수도 있다. 결정을 미
루는 이유가 신중한 검토를 위한 것인지, 결정의 결과를 우려하거나
두려워하는 것인지, 가치에 대한 명확인 인식이 부족해서인지 가격을
깎기 위한 것인지를 파악할 수 있어야 한다.

- 신중한 검토가 이유인 경우에는 고객에게는 제품의 장단점을 '구
  체적으로 알려 주라'(사용결과 통계자료, 전문가 증언, 사회적인

근거, 실제사례 등).
- 결정의 결과를 두려워하는 고객일 경우에는 다양한 사례를 언급
하거나 직접 체험할 수 있는 기회를 주거나, 다른 고객의 반응과
사용 후의 결과 등을 논리적이고 구체적으로 제안하도록 하라.
- 제품의 가치에 대한 인식이 부족한 것이라면 가치를 제대로 알리
는 영업활동과 도구활용이 필요하다.
- 가격을 깎기 위한 전술이라면 적절한 흥정(협상)의 방법으로 고
객의 의사결정을 촉구할 수 있어야 한다.
- 고객을 설득하고자 말을 많이 하지 마라.

6) 잘난 체하는 고객

자신이 상품에 대해 잘 알고 있고 전문가임을 강조하는 고객이다.
이들은 대체로 상품의 성능과 기능 기술적인 부분에 대한 질문을 많
이 하거나 대화의 주요 소재로 활용한다. 이러한 고객과 대화를 할
때는 다음의 방법을 활용하라
- 고객의 말을 듣고 인정해 주라. 좋은 정보와 지식의 제공에 감사
를 표하라. 절대로 고객과 논쟁하거나 고객의 잘못된 지식 또는
실수를 강조해 고객을 이기려 하거나 고객을 궁지로 몰아서는 안
된다. 그래서는 영업에서 성공할 수 없을 것이다. 영업의 목적은
고객을 설득해 거래를 성사시키는 것이지 고객과 논쟁해 고객을
이기는 것이 아니다. 보통의 고객보다 3배 이상의 부드러운 말씨
와 태도를 정중히 유지하면서 고객의 말을 경청하고 고객의 전문
성을 인정하라. 필요하다면 조언도 구하라. 그러면 고객의 마음

을 얻을 수 있을 것이다. 자존심을 건드리지 않는 한도 내에서 '아첨도 필요하다.' 그렇다고 지나친 아첨을 한다면 오히려 고객의 마음을 닫게 할 수도 있다. 또한 이러한 성격의 고객은 스스로 결정하기를 바란다. 즉, 누군가의 말에 자신이 설득당했다는 느낌을 갖는 것을 싫어한다는 의미이다. 그들이 결정하도록 자료와 데이터를 제공하고 판단을 기다려라. 때로는 고객의 전문성을 자극해 빨리 결정하도록 할 수도 있다.

7) 의심이 많은 고객

고객이 "이것은 무엇인가? 진짜로~한 편리함이 있는가? 서비스를 제대로 받을 수 있는가? 고장이 나면 어떻게 하나?" 등등의 질문을 끊임없이 쏟아 낸다. 게다가 영업실무자의 말을 잘 믿으려 하지 않는다. 이러한 고객을 만났을 때 영업실무자는 고객이 걱정하고 우려하며 고객이 가진 의문점을 모두 파악해 하나씩 '자신 있게 설명해야 한다. 설명에 대한 자료와 근거를 제시한다.' 때로는 유명인이나 선도 기업도 사용한다는 등의 메시지(후광효과를 사용하라)를 통해 고객의 의심을 풀어 주어야 한다. 개성이 강한 고객은 사회적인 증거를 사용하는 것에 부정적인 반응을 보일 수도 있다. 따라서 유명인 등을 강조할 때는 신중을 기하는 것이 필요하다. 그리고 고객의 의문과 걱정에 대해 '그런 걱정은 하지 마라', '다 해결된다' 등의 애매한 표현 (테크닉 구사형 영업)으로 고객을 혼란에 빠트리거나 당황하게 만들어서는 안 된다.

8) 내성적인 고객

자신의 의사표현을 잘 하지 않는다. 때로는 우유부단하게 보일 수도 있다. 새로운 제품에 대한 불안감이 크다. 자신이 잘 알고 익숙한 브랜드를 선호하다. 브랜드 전환이 쉽지 않을 수도 있다. 이러한 고객이 기존 고객이라면 기존의 익숙한 패턴으로 상담을 하고 구매를 하도록 지원해 주어야 한다. 반대로 신규고객이라면 차분하게, 정확한 정보를 제공하면서 고객의 브랜드 전환에 대한 불안감을 해소시켜 주어야 한다. 따라서 다음의 방법으로 고객과 상담을 이끌어야 한다.
  - 이러한 고객과는 조용한 상태로 느긋하게 상담하고 필요 이상의 마음을 쓰지 말라. 지나친 관심(특히 개인적인 관심)은 오히려 부작용을 불러올 수 있다. 사례를 들어 권고하라. 그들의 자존심을 상하게 하지 마라. 그들이 결정할 때까지 느긋하게 기다려 주는 것이 좋다. 충분히 검토하도록 시간과 자료를 제공하라. 때로는 조심스럽게 질문을 하기도 한다. 이때는 신중하고 차분하게 설명을 해주어야 한다. 대답을 할 때는 다른 고객이나 다른 사람들에게 모두 들리는 큰 목소리로 대답하지 마라. 상품과 서비스가 최고라는 말보다는 왜 최고인지를 근거자료를 활용해 고객 스스로 선택하게 하는 것이 중요하다.

9) 변덕스러운 고객

결정을 쉽게 바꾸고 요구사항이 많다. 때로는 쉽게 결정을 내린 후 다시 결정을 번복하는 모습을 보이기도 한다. 자신의 의사결정에 대한 자신감이 부족할 수도 있다. 명확한 구매의 기준이 없어서 망설이기도 할 것이다.

- 고객이 인정하고 동의한 부분을 잘 정리해 두라. 고객이 변덕을 보이면 그 논리적인 모순과 변덕의 내용을 정리한 후 기회를 보아 가면서 고객의 말(무리한 요구, 비논리적 이야기에 대해)을 논리적으로 반박하거나 무리한 요구를 하고 있다는 것을 인식시켜라. 이때 고객이 어느 정도 설득당하거나 동의하는 반응을 보이면 재빨리 상품의 가치를 설명해 결론을 내리도록 유도하라. 자신이 내린 결정에 대해 신뢰를 갖도록 지원해 줘라. 구매결정 기준에 대한 불안감을 보인다면 고객에게 어떤 기준으로 제품을 선택하는 것이 최선의 방법인지를 알리는 것도 좋다.

10) 흥분을 잘하는 고객

이러한 고객은 영업실무자를 구워삶아 자신이 원하는 성과를 얻기 위한 반응일 수도 있고, 성격상 영업실무자의 메시지와 매너, 태도, 언어 등에 민감한 반응을 보일 수도 있다. 처음에는 원만하게 상담이 진행되나 중간에 갑자기 흥분을 하거나, 작은 실수를 핑계로 자신의 감정을 통제하지 못해서 보이는 반응일 수 있다. 감정적인 반응을 보이는 고객에게는 다음의 방법으로 응대하는 것이 좋다.

- 침묵을 지키면서 고객의 말을 끝까지 듣도록 하라. 고객의 감정적인 표현에 동의하지 말고 그냥 경청하라. 중간에 가로막지 말고 메모하면서 말이 끝날 때까지 기다려라. 기회가 되면 질문(왜 그렇게? 왜 그것이 중요한가? 어떻게 해드리면? 등)으로 고객이

원하는 것을 표현하도록 하라. 고객이 하고 싶은 말을 모두 하도록 하리. 감정도 모두 표현하도록 하라. 항상 편안한 표정으로 대하라. 감정적인 표현이나 대응으로 고객이 틀렸거나 무리한 요구를 한다고 하지 마라. 고객이 화를 내거나 감정적인 표현을 할 때는 성급하게 고객을 설득하려고도 하지 마라. 고객의 말을 다 듣고 난 후 원하는 것을 질문하라. 영업실무자로서 할 수 있는 몇 가지 대안을 제시하라. 흥분의 원인을 찾으라. 흥분은 고객의 구매전술(가격을 깎거나 다른 양보를 얻으려는)일 수도 있다. 고객의 감정적인 반응에 민감하게 대응하지 않는 것이 좋다.

영업실무자가 만나 상담하는 고객은 위의 거래유형 중 어느 한 거래유형만 갖고 있지 않다. 만일 고객이 한 가지 거래유형만을 갖고 있다면 쉽게 상담을 준비하고 고객의 반응에 효과적으로 대응할 수 있을 것이다. 하지만 대부분의 고객은 위의 10가지 거래유형 모두를 갖고 있다. 상황에 따라, 개인적인 컨디션과 욕구에 따라, 구매하려는 상품의 중요도에 따라, 현재의 위치와 장래 목표에 따라 다양한 유형이 나온다.

늘 친절하고 말을 많이 하며 사교적이던 고객이 오늘따라 말을 아끼며 신중하고 까다롭게 행동할 수도 있다. 이때 대부분의 영업실무자는 고객의 다른 행동과 반응에 당황하게 된다. 따라서 고객의 거래유형이 다양하다는 것 그리고 그 다양함을 모두 갖고 있다는 것, 필요와 상황에 따라 다양한 유형이 행동으로 나온다는 것을 알고 있는 영업실무자라면 고객의 변덕(?)에 당황하지 않을 것이다. 오히려 그 변덕을 새로운 정보 또는 고객의 니즈를 파악할 유용한 기회로 활용할 수도 있다.

또한 위의 거래유형은 고객에게만 있는 것이 아니다. 영업실무자도 위의 거래유형을 갖고 있다. 하지만 영업실무자는 이러한 거래유형이 고객과의 영업상담에 영향을 미치게 해서는 안 된다.

고객의 스타일과 유형을 이해하고 영업활동을 하면 고객과 보다 원만하고 부드러운 영업상담을 전개하는 데 도움이 될 것이다. 보다 전문적인 고객의 성격유형은 뒤에서 한 번 더 알아보도록 한다.

3. 영업에서의 커뮤니케이션 장애물 극복 – 경청

지금까지 영업실무자가 고객과의 상담에 적용되는 커뮤니케이션의 구조와 흐름을 이해하였고, 영업 커뮤니케이션의 장애물인 오해가 발생하거나 커뮤니케이션의 흐름이 원활하게 돌아가지 않게 하는 원인(필터)도 이해하였다. 그리고 일반적인 고객의 거래유형에 대해서도 알아보았다. 지금부터는 커뮤니케이션의 장애물인 필터를 제거하는 방법과 기술에 대해 알아본다. 이 기술을 저자는 언어적 경청이라고 강조한다.

영업실무자가 고객을 설득하기 위해 가장 필요하다고 생각하는 말을 하는 방법(고객의 필터에 맞추고 자신의 메시지를 원하는 대로 고객이 해석하도록 해 설득하는)에 대해서는 이어지는 장에서 알아볼 것이다. 이 말하는 방법과 말하는 목적을 효과적으로 달성하기 위해서라도 우선적으로 알아야 하고 몸에 익혀야 하는 기술이 지금부터 알아보는 경청기술이다.

영업실무자는 고객의 메시지를 고객이 원하는 대로 이해(고객의 이면을 파악하고, 고객의 니즈를 파악하는)하고 수용(여기서 수용은 고객의 말을 인정하는 것이지 동의한다는 것은 아니다)할 수 있어야 한다.

때로는 고객이 표현하지 않은 속내와 의미까지도 파악할 수 있어야 한다. 이 방법을 습득하게 된다면 훨씬 효과적으로 상담을 전개할 수 있을 것이다. 영업실무자가 고객의 메시지를 고객이 원하는 대로 해석한다고 해서 고객에게 설득당하고 고객이 원하는 대로 가격을 깎아 주는 행동을 하고 의사결정을 해야 한다는 것은 아니라는 것을 우선 기억하도록 하라. 고객의 메시지를 이해한다는 것은 고객이 가진 욕구와 니즈를 제대로 파악하고 이를 상품의 가치로 연결하는 것을 의미한다. 고객의 마음을 움직이는 핫 메시지를 개발할 수 있는 기회이다.

또한 이 능력은 고객의 상황을 고객의 입장에서 이해하고 고객이 원하는 제안을 개발하는 기초가 된다. 고객이 구매를 하는 이유와 또는 고객이 구매를 지연하는 이면의 이유를 파악할 수 있는 계기가 된다.

이와는 반대로 고객의 메시지를 영업실무자가 자신이 가진 필터대로 해석(영업실무자가 원하는 대로 그리고 자신에게 유리하게)한다면 고객의 요구와 니즈, 고객의 문제를 파악하는 데 실패할 것이고 그 결과 고객의 구매결정을 촉구하는 기회를 놓치게 되고, 고객이 구매결정을 연기 또는 거부하는 이유를 파악하는 기회를 놓치게 된다. 따라서 영업의 성과가 저조하게 되는 것은 당연한 결과가 될 것이다.

그러면 고객의 메시지를 고객의 필터로 해석하고 고객이 원하는 가치제안과 고객이 가진 문제 등 영업 성공의 핵심요소인 고객의 마음을 얻고 고객의 니즈를 파악하는 방법은 무엇인가? 바로 경청이다. 지금부터는 경청에 대해 알아보도록 한다.

1) 경청이란?

경청의 사전 정의는 "귀를 기울여 들음"으로 되어 있다. 다른 사람의 말을 경청하는 것은 그 사람이 가진 의견과 생각, 관점, 가치관, 아이디어, 판단력 등을 존중하고 인정한다는 것을 알리는 커뮤니케이션 스킬이다. 경청을 통해 상대의 생각을 읽고 표현하는 말의 이면에 숨겨진 의미를 파악할 수 있다. 자신의 생각이나 의견 등을 주의 깊게 듣고 관심을 보이며 인정해 주는 사람을 누가 좋아하지 않겠는가? 경청이 가진 힘은 당신이 상상하는 것보다 훨씬 강력하고 매력적이다. 경청함으로써 잃는 것보다 얻는 것이 많다. 경청함으로써 상대에게 자신이 인간적인 매력을 보여 주는 것이고, 상대를 있는 그대로 수용하고 존중하는 것을 보여 주는 것이다. 고객의 마음을 얻고자 한다면 먼저 경청하라. 그 속에 모든 답이 있다.

고객이 진실하게 자기의 생각이나 욕구를 표현한다고 해도 고객은 자신의 생각이나 느낌을 있는 그대로 표현하기 어렵다. 때로는 자신의 진의와는 다른 표현을 하기도 한다. 영업실무자 역시 마찬가지일 것이다. 경청은 이러한 고객이 가진 표현의 한계를 극복하는 능력이기도 하다.

영업실무자가 고객과의 상담과정에서 고객의 말을 경청하는 것은 고객을 있는 그대로 존중하고 고객의 고민과 문제, 채우고자 하는 욕구에 관심을 보여 주는 것이다.

하지만 현실에서 많은 영업실무자는 자신이 준비한 영업 메시지를 일방적으로 전달해 고객을 자기 의도대로 설득하려 한다. 즉, 자신이 준비해 온 세일즈 톡을 먼저 모두 다 말해야 한다고 믿고 고객이 듣든 말든, 고객이 관심을 갖든 말든 고객의 말을 듣기 전에 자신이 준비한 메시지를 전달하는 것이 영업활동의 진정한 모습(말을 잘하는 영업실무자, 성과 중심의 영업활동이 아니라 영업 메시지를 잘 전하는)이라고 생각한다.

앞에서 영업에 대한 정의를 내리면서 영업은 "*영업실무자가 상품과 서비스를 말로 판매하는 것이 아니고, 고객의 구매 욕구와 필요를 자극해 고객이 스스로 구매하도록 하는 비즈니스 커뮤니케이션 활동*"이라고 강조하였다. 이 정의의 의미를 잘 생각해 보기 바란다. 고객은 자신이 구매력이 있기 때문에, 영업실무자가 가격을 깎아 주기 때문에, 영업실무자가 말을 잘하기 때문에 구매하는 것이 아니다. 개인이든 조직이든 자신의 필요(우리는 이것을 '니즈'라고 이미 알고 있다)를 채우려고 구매하는 것이다.

영업실무자가 고객의 말을 경청하면 고객이 가진 구매의 필요성(니즈, 해결할 문제)을 파악할 수 있다. 구매상의 또 다른 장애물(협상의 조건들) 또한 파악할 수 있고 구매 프로세스(효과적인 상담진행과 영업활동을 결정하는)도 파악할 수 있다. 대부분의 고객은 직접적이면서 직설적으로 자신의 욕구와 필요를 말하지 않는다(물론 고객이 긴급한 경우, 고객이 먼저 접근해 오는 경우에는 이것을 말한다). 하지만 이 경우에도 많은 영업실무자는 고객의 말을 실제적으로 경청하지 못한다. 이것이 의심스러우면 최근 자신이 판매에 성공한 경험을 떠올려 보라. 그 고객이 구매한 이유를 말할 수 있는가? 구매를 통해 얻으려고 하는 궁극적인 이익을 파악하였는가?

고객은 흘려 버리는 듯한 말로 또는 혼잣말로, 때로는 자신의 상황과 입장과는 반대의 표현을 하는 경우가 많다. 유능한 영업실무자라면 고객의 이러한 표현 이면에 숨겨진 의미를 찾을 수 있어야 한다. 지금부터 영업실무자의 커뮤니케이션 능력 중 경청에 대해서 알아보도록 한다. 우선 당신의 경청 스타일을 진단하고 적절한 변화를 시작해 보자.

2) 경청 스타일

당신이 종종 처하게 되는 듣기 상황(영업을 하면서)을 떠올려 보라. 다음의 내용을 읽고 당신을 가장 잘 나타내는 것에 체크하라.

5-늘 그렇다, 4-자주 그렇다, 3-종종 그렇다, 2-드물게 그렇다, 1-전혀 그렇지 않다

1. 고객의 말을 들을 때 그 사람의 느낌에 주의를 기울인다.
2. 고객의 말을 들으면 상대방의 기분이 좋은지 아닌지 금세 알아차린다.
3. 고객이 자기 문제를 털어놓을 때 그 사람의 말에 금방 몰두한다.
4. 새로 알게 된 고객과 대화할 때 공통의 관심사를 찾으려고 노력한다.
5. 고객이 말할 때 눈짓이나 고갯짓으로 흥미를 표현한다.
6. 고객이 자기 생각을 조리 있고 효과적으로 표현하지 못하면 갑갑하다.
7. 고객의 말을 들을 때 내용의 불일치나 모순점에 집중한다.
8. 말하는 고객의 생각을 건너뛰거나 예단한다.
9. 대화 도중에 곁가지를 치며 다른 얘기를 꺼내는 고객이 정말 싫다.
10. 말하는 사람이 더 빨리 요점에 도달할 수 있게 적절한 질문을 던진다.
11. 모든 사실을 듣고 나서야 판단을 내리거나 의견을 내놓는다.
12. 기술적인 정보를 선호하는 편이다.
13. 의견, 주장보다는 내가 직접 판단 평가해 볼 수 있는 사실이나 증거를 듣고 싶어 한다.
14. 복잡한 정보를 듣는 것이 즐겁고 좋다.
15. 추가적인 정보를 캐내기 위해 질문을 던진다.
16. 바쁠 때면 얘기를 들어줄 시간이 한정돼 있음을 고객에게 알린다.
17. 대화를 시작하기 전에 얼마나 오래 기다렸는지부터 말한다.
18. 시간이 없다 싶으면 고객이 말하는 도중에라도 끼어든다.
19. 시간이 없다 싶으면 고객이 말하고 있어도 시계를 쳐다본다.
20. 시간 압박을 느낄 때면 다른 사람의 말에 대한 집중력이 떨어진다.

1~5번 문항에 4점 또는 5점을 준 횟수: (	)번
6~10번 문항에 4점 또는 5점을 준 횟수: (	)번
11~15번 문항에 4점 또는 5점을 준 횟수: (	)번
16~20번 문항에 4점 또는 5점을 준 횟수: (	)번

출처 - © encyber.com

위의 진단을 통해 당신의 경청의 스타일을 *사람 지향적인지, 행동 지향적인지, 내용 지향적인지, 시간 지향적*인지로 구분할 수 있다. 각각의 경청 스타일이 가진 장점과 단점 그리고 이 4가지의 유형을 판단할 수 있는 생활 속의 근거 등이 아래의 두 표에 정리되어 있다.

〈표 2-1〉 경청 스타일과 단서

구분	사무실 환경	행동 단서
사람 지향적 (1~5)	- 벽에 개인적인 사진이 걸려 있다. - 방이나 책상에 개인적인 물건이 놓여 있다. - 책상이 지저분하다.	- 시선을 마주친다. - 억양이 다양하다. - 동의의 표시로 자주 미소를 짓거나 고개를 끄덕인다.
행동 지향적 (6~10)	- 책상에 정리함이 놓여 있다. - 벽에 학위증명서가 걸려 있거나 일과 관련된 사진이 걸려 있다. - 사가가 짜 맞춰져 있다. - 책상이 깨끗하다.	- 힘차게 악수한다. - 약간 빠른 속도로 이야기한다.
내용 지향적 (11~15)	- 책상 위에 서류가 정리되어 쌓여 있다. - 책상 부근에 참고서적들이 놓여 있다. - 컴퓨터가 항상 켜져 있다.	- 얼굴 표정이 심각하다. - 목소리가 도전적·호전적이다. - 이야기를 들으며 자주 위를 쳐다본다.
시간 지향적 (16~20)	- 방에 한 개 이상의 시계가 있다. - 비서가 인터폰으로 약속시간을 알려 준다. - 컴퓨터나 시계에 알람 기능을 설정해 때가 되면 울리게 한다.	- 자주 시계를 본다. - 참을성 없는 표정을 지어 보인다. - 시간을 알려 주는 장치를 사용한다.

출처 - © encyber.com

<표 2-2> 경청 스타일의 장단점, 그리고 대응

	장점	단점	대응방법
사람 지향적 (1~5)	- 타인에게 관심이 많고 배려한다. - 선입견, 편견을 갖지 않는다. - 타인 감정 상태를 잘 파악한다. - 대화할 때 유언무언의 피드백을 준다.	- 타인 감정 상태에 쉽게 휘말린다. - 타인의 잘못·약점을 잘 보지 못한다. - 타인 감정에 동화하며 간섭하기 쉽다. - 피드백을 줄 때 너무 오버할 수 있다.	- 인간적인 가치를 포함하는 이야기하거나 그림을 보여 준다. - '나'보다는 '우리'라는 단어를 사용한다. - 성보다는 이름을 불러 준다. - 유머를 활용할 때도 자기를 내세우지 않는다.
행동 지향적 (6~10)	- 문제 핵심에 빨리 접근한다. - 타인들이 중요한 것에 초점을 맞추도록 돕는다. - 타인들이 구조적이고 간결하게 말을 하도록 돕는다. - 내용 속에 담긴 모순을 잘 파악한다.	- 주의 산만한 화자를 참지 못한다. - 말이 끝나기 전에 미리 넘겨짚고 빨리 결론을 내린다. - 화자가 두서없이 말하면 산만해진다. - 무례한 질문을 한다. - 지나치게 비판적으로 보인다.	- 전하려는 내용이 3가지를 넘지 않도록 한다. - 서론을 짧게 하거나 바로 본론으로 들어간다. - 빠르지만 절제된 속도로 말한다. - 결과, 상대가 얻는 이익을 먼저 이야기한다 (결론부터).
내용 지향적 (11~15)	- 기술적 정보를 높이 평가한다. - 정보의 명확성을 점검한다. - 복잡하고 어려운 정보를 환영한다. - 문제의 모든 측면에 관심을 갖는다.	- 지나치게 세부적인 것에 집착한다. - 신랄한 질문으로 타인을 위협한다. - 비기술적인 정보를 과소평가한다. - 결정하는 데 시간이 오래 걸린다.	- 신뢰성 있는 자료를 제시하고 신뢰할 만한 전문가의 말을 인용한다. - 차트와 그래프를 사용한다.
시간 지향적 (16~20)	- 시간을 효과적으로 관리한다. - 타인의 말을 들을 때 시간 제한이 있음을 알린다. - 만남, 대화에서 시간을 어떻게 이용할 것인지 지침을 정한다. - 상대가 쓸데없는 말을 하며 시간을 낭비하지 못하도록 한다.	- 시간을 낭비하는 사람을 참지 못한다. - 인간관계에 긴장을 주며, 타인을 방해한다. - 시간을 의식하다 보면 집중력이 떨어질 수 있다. - 자주 시계를 들여다보아 화자를 조급하게 한다.	- 가능한 한 정해진 시간보다 빨리 끝내고자 노력한다. - 불필요한 사례나 정보는 삭제한다. - 상대방이 대화를 마치고 싶다는 비언어적인 태도 여부를 주시한다.

출처 - © encyber.com

영업실무자는 자신의 경청 스타일을 파악해 고객과의 상담 시 효과적으로 활용할 수 있어야 한다. 영업실무사의 경청 스타일이 고객의 상담 몰입도와 흥미를 결정하기 때문이다. 물론 고객이 가진 경청 스타일도 영업실무자의 상담성과에 영향을 미친다. 영업실무자는 자신의 경청 스타일을 파악해 경청 스타일을 이해한 후 고객의 경청 스타일에 맞는 영업상담을 준비하고 상담을 전개할 수 있어야 한다.

고객이 *인간관계 지향적인* 스타일이라면 영업실무자는 고객을 만나고 상담을 시작하는 데는 큰 어려움이나 불편함은 없을 것이지만 비즈니스와 관련된 주제로 들어가기가 쉽지 않다. 하지만 우호적인 관계를 형성하는 데는 다른 유형들보다 시간이 덜 걸린다. 그리고 그것이 영업의 결과에도 영향을 미칠 것이다. 이러한 고객과 상담할 때는 풍부한 대화의 소재를 준비해야 하며, 이 고객이 말할 때는 절대로 말을 끊거나 중간에 가로막아서는 안 된다.

고객이 *행동 지향적*인 경우에는 빠른 결과와 핵심으로 들어가야 한다. 오픈 마인드나 주변이야기를 너무 길게 하는 것을 이 유형은 좋아하지 않는다. 고객은 자신에게 필요하고 도움이 되는 결론에만 관심이 있으므로 신속하게 결론부터 말하도록 하라.

고객이 *내용 지향적*이라면 영업실무자는 상담자료 준비에 좀 더 신중해야 한다. 사례, 근거자료 등을 많이 확보해 이 유형들이 관심을 갖는 세부적인 상황과 데이터를 상담 중 제시할 수 있어야 한다. 이 유형과는 다양한 대화 소재로 많은 시간 이야기를 차분하게 끌고 가기 어렵다.

마지막으로 *시간 지향적*인 고객과 상담할 때는 고객이 자신의 시간을 빼앗긴다는 느낌을 갖지 않도록 애를 써야 한다. 고객이 할애할 수 있는 시간의 여유 정도를 묻고, 고객이 영업실무자와 상담하는 시간이 고객의 구매결정 검토에 도움이 된다는 것을 명확하게 인식시켜야 한다. 약속한 시간은 철저하게 지켜져야 한다. 방문 판매를 하는 경우에는 사전약속 없이 무턱대고 방문을 해서는 안 된다.

경청 스타일에 맞는 상담을 전개하는 것은 유능하고 융통성 있는 영업실무자의 능력이다. 고객이 어떤 유형의 경청 스타일인지는 고객의 말과 행동을 통해 민감하게 파악해야 한다. 그럼 경청의 방법을 알아보도록 하자.

3) 경청 스킬

고객과의 상담을 하는 모든 순간에 영업실무자는 자신의 오감을 동원해 고객의 메시지를 해석하고, 이면을 파악하며 중요한 메시지를 파악해야 한다. 상담 중인 고객은 메시지를 던질 때는 의식적으로 준비된 메시지를 표현하지만, 무의식적으로 자신의 입장과 상황 또는 곤란한 문제, 욕구 등을 지나가는 말로 또는 혼잣말로 표현한다. 유능한 영업실무자가 되려면 이러한 고객의 메시지를 놓치지 않고 파악해 영업의 기회로 활용할 수 있어야 한다. 지금부터 알아보는 경청의 방법을 통해 당신 또는 그러한 능력을 갖추기를 바란다.

경청은 크게 언어적인 방법과 비언어적인 방법이 있다. 어느 것이든 중요한 핵심은 당신이 고객의 말을 경청한다는 것을 고객이 알아야 한다는 것이다. 즉, 경청은 상호 교환적이고 실천적이라는 것이다. 먼 산을 보고 있지만 실은 귀를 기울여 고객의 말을 듣고 해석하는 우리의 모습(나의 경청태도, 눈 맞춤에 대한 두려움으로)을 고객은 어떻게 받아들일까? 고객이 던진 메시지의 기대와는 다른 반응을 보일 때, 그리고 영업실무자가 자신의 이야기만 할 때 고객은 그러한 영업실무자를 어떻게 해석할까? 기억해야 하는 것은 우리가 고객의 말을 경청하고 있다는 것을 고객이 알도록 해야 한다는 것이다. 이제 그 방법들에 대해 하나씩 살펴보도록 한다.

우선 경청의 태도를 파악해 보자.

(1) 좋은 경청의 태도를 가진 영업실무자는 다음과 같다.
- 고객의 말속에서 무엇인가 도움이 될 만한 것(영업의 기회인 니즈 발굴과 고객과의 인간관계 형성에 도움이 되는)을 찾고자 한다.
- 고객의 용모, 태도보다는 메시지에 10배 더 신경을 쓴다. 즉, 선입견을 갖지 않고 경청한다는 것이다.
- 고객의 말을 판단하기 전에 그의 말을 끝까지 듣는다. 영업실무자가 가진 경험이나 사전지식, 선입견, 정보로 추측한 것을 판단(고객의 니즈)의 근거로 삼지 않는다는 것이다. 그리고 절대로 고객이 말하는 중간에 끼어들지 않는다.
- 고객의 중심생각, 욕구, 문제 등을 파악하고자 고객의 표현 하나하나에 귀를 기울인다.
- 2~3분간 듣고 기록하고 메모한다. 아주 훌륭한 경청의 기술이고 태도이다. 우리의 두뇌가 가진 능력은 뛰어나지만 고객의 말을 모두 기억한다는 것은 쉽지 않다. 가장 큰 이유는 영업실무자는 자신이 준비해 온 메시지를 전달하는 데 급급하기 때문에 고객의 중요한 메시지를 놓치는 경우가 많다. 이를 극복하는 가장

좋은 방법은 메모하는 것이다.

- 듣는 동안 긴장을 늦추지 않고 듣는다. 이는 고객의 표현 하나하나에 신경을 집중하라는 것이다. 다른 생각을 하지 말라는 것이다.
- 주의를 산만하게 만드는 요소(소음, 전화 등)를 제거한다. 이러한 노력이 고객에게는 좋은 이미지를 줄 것이다. 적절한 장소로 옮기는 것도 좋은 방법이다.
- 어려운 내용을 듣고 이해하기 위해 학습한다. 이 말은 고객의 상황과 생활 스타일에 대해 전문가가 되어야 한다는 것이다. 고객의 상황과 생활 스타일을 잘 모르면 고객의 말을 이해하지 못하거나 듣고 흘리거나 혹은 영업실무자 마음대로 해석한다. 고객의 용어로 상담을 진행하는 것이 좋다.
- 자신이 가진 한계(지식의 부족 등)를 인식하고 때로는 고객에게 이해가 안 되는 부분에 대한 추가적인 설명을 요구한다. 이러한 솔직한 태도가 고객의 마음을 움직일 수 있다.
- 생각의 속도를 유용하게 활용한다. 이 말은 우리의 두뇌가 가진 능력(상대의 말을 듣고 있으면서 다른 생각을 해도 집중하면 상대의 말을 경청할 수 있는 능력)을 효과적으로 활용하라는 것이다. 고객의 말을 들으면서 "고객이 전하고자 하는 요점은? 다음의 말은?" 등을 영업실무자가 가진 정보 또는 지식과 대조와 비교하면서 머릿속으로 요약하라는 것이다. 고객의 숨겨진 의미를 파악하라는 것이다.

(2) 영업실무자가 가져서는 안 되는 나쁜 경청 태도로는 다음과 같다.

- 고객의 말을 흥미 없는 주제라고 여겨서 말을 끊거나 가로막고

영업실무자 중심의 말(상품자랑 등)을 하는 것이다. 영업실무자는 자신의 메시지가 중요하고 가치 있게, 즉 설득력 있게 준비해야 한다. 하지만 그 가치는 고객이 결정하는 것이다. 무엇이 고객에게 가치가 있는지는 고객이 하는 말속에 포함되어 있다. 고객의 말을 무시하거나 흥미를 갖지 않는다면 절대로 고객의 니즈와 마음을 얻을 수 없을 것이다.

· 고객의 말솜씨, 용모에 신경 써서 영업실무자의 마음에 드는지 안 드는지를 판단의 근거로 삼는 것은 절대로 해서는 안 되는 행동이고 보여서는 안 되는 태도이다.

· 고객의 말을 넘겨짚고 반박할 준비를 한다. 고객의 말을 넘겨짚어서는 고객의 마음을 읽을 수 없고 고객의 요구를 파악할 수도 없다. 더 나아가 이러한 태도는 고객의 마음을 닫게 하고 영업실무자의 메시지를 들으려는 마음을 사라지게 한다.

· 고객의 말을 걸러내면서 귀를 기울인다. 이 말은 영업실무자가 자신이 관심을 갖는 메시지만을 선별해서 듣는다는 것이다. 여기에 집중하다 보면 고객의 말 이면에 숨겨진 의미와 개인적인 관심과 욕구에 대해서는 관심을 갖지 않거나 무시한다는 것을 고객이 느낄 수도 있다. 이는 고객과의 관계형성에 치명적인 부정적인 영향을 준다.

· 지금까지 들은 모든 것을 개관(전체를 대충 살펴보는 것)하려 한다. 고객의 상황과 입장 그리고 고객이 해결할 문제 등을 파악하기보다는 고객의 말을 잘 이해하고 있다고 전제하고 영업실무자 자신의 욕구(메시지 전달, 판매 성공)에만 관심을 갖는다는 것이다.

· 고객에게 집중하는 체하지만 정작 영업실무자는 언제 자신의 메

시지를 전할까 하는 생각으로 고객의 말을 가로막고 끼어들 틈을 찾으려는 태도를 말한다. 따라서 고객의 핵심 니즈 혹은 요구사항을 놓친다.

- 고객이 전하는 메시지의 어려운 내용을 피하려고 한다. 특히 자신이 잘 모르는 전문적인 용어나 고객의 까다로운 요구를 얼렁뚱땅 넘어가려는 태도를 말한다. 때로는 못 들은 척하기도 한다.
- 고객의 메시지 중 신경 쓰이는 표현에 영향을 받아 여유 있는 생각을 하지 못한다. 고객의 메시지 하나하나에 너무 신경을 써서는 다른 중요한 핵심을 놓칠 수 있다는 것이다. 고객은 때로는 자신이 원하는 구매(최적의 구매와 구매비용 절감)를 하기 위해 영업실무자의 전문성을 인정하지 않거나, 영업실무자의 조직과 상품이 가진 가치를 평가절하하거나 혹은 다른 경쟁사를 언급하면서 영업실무자를 흔든다. 이러한 고객이 던지는 표현 하나하나에 영업실무자가 흔들려서는 고객의 말을 경청할 수 없다.

영업실무자는 자신의 경청태도에 대해 객관적인 시각과 관점에서 피드백을 받아 보는 것이 좋다. 동료 혹은 상사로부터 자신이 경청습관과 태도에 대해 평가해 달라고 요청하는 것도 좋은 방법이다. 커뮤니케이션 특히 경청의 기술은 습관에서 나온다. 자신도 모르는 그래서 고객의 마음을 불편하게 하는 경청의 습관을 고치도록 하라.

자! 지금부터는 영업실무자가 반드시 알아야 하고 습관화해야 하는 경청의 방법에 대해 알아보자. 거듭 강조하지만 경청을 통해서는 상대(고객)의 마음을 얻을 수 있지만, 말을 많이 해서는 고객의 마음을 얻기가 불가능하다는 사실을 기억하라. 경청은 생각보다 어렵다. 가장 큰 이유는 사람들은 듣기 보다는, 말을 하려는, 즉 자신의 의견·생각을 표현하고자 하는 욕구가 강하기 때문이다. 즉, 대부분의 사람들은 자기중심적으로 커뮤니케이션(말하기, 듣기)을 하기 때문이다. 또 다른 이유로는 경청은 마치 자신이 상대에 비해 자신의 힘이 없거나 상대적으로 불리한 위치에 있다는 것을 보여 준다는 잘못된 생각을 갖고 있기 때문이다. 이 두 가지 선입견을 버리고 경청을 가장 좋은 그리고 유용한 영업 커뮤니케이션 스킬로 받아들이기 바란다.

(3) 우선 좋은 경청 태도를 갖기 위해서는 다음과 같다.
· 상황과 상대에 대한 부정적 감정을 제거하라.
· 주의를 기울여 끝까지 들어라. 고객이 말하는 중간에 끼어들지 마라. 조만간 고객의 말은 끝난다.
· 고객의 이야기에서 세 가지를 들어라. 그리고 고객의 니즈와 욕구를 추론하고 확인하라.
  - 현재 하고 있는 이야기
  - 이야기 속에 포함된 하고자 하는 말
  - 이야기하지 못하지만 전하고 싶은(이해해 주기를 바라는) 말
· 귀로만 듣지 말고 눈, 몸, 느낌으로 들어라. 모든 감각을 동원하라.
· 비판적인 자세는 지양하고 수용적인 자세로 들어라. 고객이 하는 말의 잘못된 부분을 찾으려 노력하지 마라.
· 이야기하는 동안 시선을 집중하라.
· 객관적인 사건·사실을 들음과 동시에 감정도 들어라. 그리고 공감하라.

- 제3자를 개입시키지 마라. 커뮤니케이션 수단(전화, 메시지, 이
  메일 등)을 활용하는 것도 좋은 방법이지만 가급적 직접 만나 대
  화하는 것이 좋다.
- 메모하는 태도를 갖도록 하라. 그리고 고객과 상담하러 갈 때는
  다음의 방법으로 경청하겠다고 다짐하고 더 깊은 이해를 위해
  언어적인 경청도 준비하도록 하라.

(4) 영업실무자가 익혀야 하는 경청기술은 다음과 같다.

① 비언어적인 경청

고객의 말을 경청하고 있다는 것을 고객이 알도록 해야 한다. 지극
히 당연한 말이다. 영업현장에서 활동하는 영업실무자들에게 고객의
말을 경청하는가라는 질문을 하면 한결같이 "그렇다. 너무 당연한 것
이 아닌가?"라는 반응을 보인다. 그들은 자신들이 경청을 잘 하는 것
으로 생각하지만 실제는 그렇지 않다. 이 말에 이 글을 읽는 영업실
무자들은 반박하려고 할 것이다. 하지만 고객의 구매 프로세스를 파
악하는 정도나, 고객의 구매조건을 파악하는 수준 그리고 고객이 왜
구매를 하는지의 궁극적인 이유, 구매하는 제품을 통해 해결하고자
하는 문제 혹은 불편함과 어려움을 모른 채 영업활동을 하고 있는 현
실이 그것을 대변한다.

상대방의 말을 경청하는 모습과 태도는 상대방이 누구든 평소 갖
고 있던 습관대로 나온다. 고객을 만나는 순간에는 경청하려 하지만
시간이 지날수록 영업실무자는 고객과의 모든 커뮤니케이션 상황과
내용을 자기중심적으로 바라보고 반응하며, 자신이 원하는 대로 결론
을 내리려고 한다. 상담은 영업실무자가 주도하되 말을 고객이 많이

하도록 해야 하는데 그 반대인 것이 현실이다.

다음의 행동(비언어적)으로 보여 주는 경청기술이 몸에 배이지 않았다면 결코 고객의 마음을 얻기는 어려울 것이다. 따라서 영업실무자는 언제 어떤 고객과 어떤 내용의 상담을 전개하든 아래의 태도와 자세들을 고객이 인식하도록 습관화해야 한다.

- 눈 맞춤을 하라.
- 고개를 끄덕이고 적절한 표정을 지어라.
- 공감적인 표정과 표현을 한다.
- 주의를 산만하게 하는 행동이나 제스처를 피하라.
- 메모를 한다. 항상 다이어리나 수첩/메모장 등을 휴대하고 다니고 활용하라.
- 끼어들지 않는다. 고객의 말을 중간에 끊지 마라.
- 너무 많이 말하지 않는다. 먼저 듣겠다는 결심을 하고 참아라.
- 적절한 스킨십을 한다. 단 이성 간에는 매우 주의해야 한다.
- 방해물이 있으면 제거하라. 장소를 이동하거나 필요한 조치를 취하라.

이러한 비언어적인 경청은 고객으로 하여금 영업실무자를 인간적으로 받아들이게 만든다. 이러한 비언어적인 경청에 대해서는 대부분의 영업실무자들이 수준급 이상이다. 대부분 잘 한다는 의미이다. 문제는 이 비언어적인 경청은 영업실무자가 고객의 말에 집중한다는 것을 행동으로, 몸으로만 보여 주지만 고객의 말속에 숨어 있는 이면, 고객의 내면적인 이유를 파악하는 데는 한계가 있다는 것이다. 즉, 행동으로는 경청을 하지만 머리와 마음으로는 필터가 작동을 해 고객의 메시지를 자신이 원하는 대로 짐작하고, 단정짓고, 걸러낸다는 것이다. 따라서 이 비언어적인 경청으로는 고객의 진심을 30~40%밖에 파악하지 못하는 한계가 있다. 이를 극복하는 방법이 언어로 하는 경청이다.

고객의 표현 속에 숨겨진 진정한 의미와 고객의 상황을 올바로 파악하기 위해서는 좀 더 깊은 대화를 할 수 있어야 한다. 이 기술이 언어로 하는 경청기술이다.

② 언어를 통한 경청

당신이 상담하는 고객이 "필요를 모르겠군요. 게다가 가격도 비싸고……"라고 한다. 당신은 지금 비언어적인 경청으로 고객의 말을 들었다. 하지만 이것으로 고객이 한 말의 진의와 말속에 포함된 의미를 파악할 수 없다. 이 상태에서 고객을 설득하기란 쉽지 않다.

당신은 고객의 이러한 말을 어떻게 받아들이고 대응할 것인가? 고객의 말을 어떻게 해석하는가가 대응의 방향과 대화내용 및 영업성과를 결정한다. 이 고객의 말을 곧이 곧대로 해석한 영업실무자(비언어적인 경청만 한)는 아마도 "필요 없다고? 그럼 판매가 힘들겠군. 가격도 비싸다고 하니……"라는 대응을 할 것이다. 다른 영업실무자(언어적 경청을 하는 영업실무자)는 고객의 말을 두 가지로 해석한다. "필요 없다는 말이 진짜일까? 가격이 비싸다는 말 또는 진실일까? 아니면 가격을 깎으려는 작전이 아닐까? 이 두 가지를 먼저 확인해 봐야겠다"라는 해석과 함께 "실제 생활에 이 제품이 없어 불편한 점은 없는지 먼저 확인해 봐야겠다" 등으로 해석한다. 이렇게 고객의 말을 해석하는 결과와 내용에 따라 영업실무자의 대응 방법은 당연히 다를 것이다. 물론 행동으로 경청을 잘 하는 영업실무자와 그 성과도 다를 것이다. 이것이 언어적인 경청의 출발점이다. 고객의 말을 있는 그대로 해석하거나 단정 짓는 것은 올바른 커뮤니케이션 능력과 태도가 아니다.

영업실무자는 고객과 상담 시 고객이 표현하는 메시지 하나하나에 담긴 의미를 이해하고 고객의 현재 상황과 요구사항을 정확히 파악할 수 있어야 한다. 이를 위해서는 비언어적인 경청만으로 되지 않는다. 고객의 메시지를 듣고 자신이 이해한 수준과 고객이 원하는 것을 파악한 것이 맞는지를 확인하기 위해 언어로 적절한 반응(요약, 반복, 환원 등)을 보여야 한다. 행동으로 보여 주는 경청만큼 언어로 보여 주는 경청 또한 매우 중요하다. 어쩌면 행동적인 경청보다 더 중요하다고 볼 수 있다. 비언어적인 경청이 고객의 말을 중요하게 여기고, 잘 듣고 있다는 것을 보여 주는 기본 능력이라면 언어적인 경청은 고객의 이면과 욕구 그리고 거절과 저항의 이유를 파악하고 설득을 위한 고객의 마음을 움직이는 핫 메시지를 개발하는 데 가장 중요하고 핵심적인 능력이다.

언어적인 경청은 고객으로 하여금 더 많은 말을 하도록 유도하는 힘이 있다. 언어적인 경청은 말을 많이 하지 않고도 대화를 자연스럽게 주도하면서 이끈다. 고객에게 지금 하는 상담의 중심이 자신이라는 것을 느끼도록 하고 더욱 몰입하게 한다. 고객이 자신도 모른 채 자신의 현재 상황, 목표, 욕구, 필요, 해결할 문제 등을 자연스레 말하도록 한다.

고객과 상담하면서 영업실무자가 활용하는 언어적인 경청은 수준 높은 상담을 가능하게 한다. 아래의 기술들을 활용하여 고객의 말을 경청하며, 고객을 상담의 주인공으로 만들어 더 많은 이야기를 하도록 상담을 이끌도록 하라.

① 반복하기

고객이 표현한 메시지를 그대로 반복한다. 영업실무자는 고객의 말을 반복함으로써 영업실무자가 이해한 수준을 검증받을 수 있다. 고객 또한 자신이 어떤 메시지를 전달하였는지 알게 된다. 고객은 자신의 말의 의미를 영업실무자가 잘못 해석하였다고 판단되면 고객 스스로 수정해 준다.

"지금 말씀은 무엇보다도 서비스가 중요하다는 말씀인가요?"

"아직 구매를 결정할 시기가 아니라고 말씀을 하셨습니다. 맞습니까?"

② 환언하기: 바꾸어 말하기

고객의 메시지를 영업실무자의 말로 바꾸어 표현해 이해 수준과 핵심(고객의 요구사항 등) 메시지 파악 정도를 확인한다.

"그러니까 고객님의 생각으로는……"

"지금~~라고 말씀하시는 것 같은데……"

"저의 의견으로는……"

"그럼~한 문제를 해결하는 것이 중요하다는……?"

③ 요약하기: 핵심을 확인

고객의 메시지 중 핵심(고객이 진짜로 전달하고자 하는 내용)을 재

확인하는 것이다.

"품질이 중요한 이유는 사용하면서 겪을 수 있는 불편함이 없어야 한다는 것으로……"

"구매비용을 줄이기 위해 구매조건 중~와~을 재조정해야 한다는……"

"미래~한 편리함을 누리기 위해~한 보장이 핵심이라는 말씀이신가요?"

④ 감정 파악하고 공감하기

감정을 파악하고 공감하는 것은 고객이 가진 개인적인 니즈(해결할 문제와 채우고자 하는 요구-안정, 안전, 인간관계, 인정, 준거집단에 소속되기, 사회적인 인정, 자신의 정체감 표현 등의 개인이 가진)를 알고 있으며 이해한다는 것을 보여 주는 것이다. 개인고객인 소비자들은 구매하는 과정에서 심리적으로 느끼는 불안감이나 채우고자 하는 욕구가 있다는 것을 이해하고, 이를 해결해 주는 노력을 해야 한다. 심리적인 욕구, 개인적인 욕구가 때로는 구매결정의 핵심 역할을 하기도 한다. 고객은 영업실무자가 제시하는 사례에 대한 확신이 부족할 때, 구매를 통해 내부 이해관계자들의 반응이 중요할 때 고객은 신중하고 안정적인 구매를 한다. 그러한 고객의 마음을 알고 인정하면서 해결해 주도록 하라.

"이번 구매를 위해 가족의 합의가 필요하다는……"

"사용법의 설명 혹은 교육이 중요하다는 것은 충분히 이해합니다. 저 역시도……"

⑤ 요청하기

고객으로 하여금 더 많은 이야기를 하도록 한다. 고객의 말이 애매하거나 어떤 의미인지 판단하기 어려울 때 사용한다.

"좀 더 자세히 이야기해 주시면……?"

"조금 전의 말은 아직 구매계획을 수립하지 못하였다는…… 그럼 언제……?"

"구매결정에 있어 문제가 무엇인지? 가격인지? 서비스인지 아니면 다른 이유가 있는지?"

⑥ 디깅(digging)하기

경청의 백미-5W1H를 활용해 더 자세한 정보를 파악하는 능력이다. Who, Where, When, What, Why, How to의 질문을 하는 것이다.

"아직 구매시기가 아니라고 말씀을 하셨는데요, 그럼 언제쯤 가능하세요?"

"미래의 안정을 보장받을 수 있는 방법으로 어떤 방법을 찾고 있는지요?"

"왜 그 조건이 중요한지요?"

"자료를 드리면 가족분들과 상의한다고 하셨는데 이번에는 누가 결정권을 갖고 계신지요?"

⑦ 미끼 던지기

고객의 흥미를 끌어내고 고객이 자연스레 말문을 열도록 미끼(대화의 소재)를 던져라.

영업실무자가 찾아가서 만나는 고객이 자신의 현재 상황과 해결할 문제, 즉 구매해야 하는 필요성과 이유를 말하는 경우는 드물다. 고객은 자신이 누구든, 구매에서 어떤 역할을 하든 자신이 불리한 상황(반드시 구매해야 하고 다른 대안이 없다는 것)에 있다는 것을 영업실무자에게 알리고 싶어 하지 않는다. 이유는 고객은 유리한 위치를 점하고 유지하기를 원하기 때문이다. 따라서 영업실무자를 만나는 고객은 "왜 방문하였는가?", "어떤 제품인가?", "나는 필요 없다" 등등의 거부 혹은 부정적인 반응을 보이는 경우가 대부분이다. 영업실무자는 이러한 까다로운 고객과도 효과적으로 상담을 전개할 수 있는 능력과 기술을 갖추어야 한다. 여기서 말하는 미끼는 고객의 생활에 대한 현재 상황과 정보를 바탕으로 고객에게 도움이 되는 메시지를 혹은 현재의 상황이 주는 도전과 문제를 강조하면서 고객에게 상담의 필요성(고객이 얻는 이익과 해결하는 불편함 등)을 자극해 고객이 상담에 임하도록 하는 상담의 소재이다. 이 소재를 영업실무자가 던짐으로써 고객은 자신의 문제와 목표 그리고 현재 상황을 말하게 하는 것이다.

미끼의 예로는 영업실무자의 기존고객(준거인물-고객에게 영향을 미치는)이 얻은 이익과 문제해결에 대한 자료, 그리고 사전에 영업실무자가 고객을 분석한 내용이다. 기존고객이 얻은 이익을 사용할 때는 "~께서(상담 중 고객의 지인 혹은 유명인 등)이 최근에~한 문제해결은 성공적으로 한 것을 알고 있는가?~님도 그것을 원하지 않는가?"와 같은 질문을 하는 것이다. 또한 영업실무자는 고객을 만나러 갈 때 고객에 대한 종합적인 정보를 파악해 고객의 구매 필요성을 파악해야 한다. 영업실무자가 파악할 고객에 대한 종합적인 정보는 다음과 같다.

- 고객의 요구사항(고객과 유사한 기존고객을 통해)
- 시장의 트렌드, 유행
- 자사의 경쟁자 움직임 정도 → 고객에게 많은 구매비용을 부담 시키면 좋은 영업의 기회가 된다.
- 고객이 가진 구매력(협상력) → 고객의 구매력은 고객의 구매조 건에 영향을 끼친다.
- 대체재의 존재 여부 → 대체재는 자사의 매출에 영향을 미친다.
- 거시적인 환경: 법률, 정책, 사회적 환경
- 위의 요소들에 의해 결정된 고객의 라이프스타일 변화 등

지금까지 알아본 경청의 방법(비언어적 경청과 언어적 경청)은 한 가지만 사용해서는 안 된다. 또 한 가지만 사용해서는 상담 분위기가 조성되지도 않는다. 즉, 실제 상담과정에서는 위의 모든 경청 기술을 사용할 수 있어야 한다. *고객을 바라보고, 고개를 끄덕이고, "좀 더 자세히 말해 달라고 질문을 하고 ~을 원한다는/~에 좀 더 확신을 갖 고 싶다는 의미입니까?"라고 반복 또는 요약하고, "효과적인 구매를 통해 내부 이해관계자들로부터 인정을 받는 것은 매우 중요하다는 것입니까"* 등등의 언어적, 비언어적인 경청을 통해 고객의 니즈와 요 구를 파악해야 한다.

다시 한 번 강조하지만 영업실무자로서 고객의 마음을 얻고, 필요 한 정보를 파악하며, 고객을 효과적으로 설득하기 위한 핵심(고객의 니즈)을 파악하고 지속적인 관계 유지를 원한다면 말(상품을 팔려는, 상품의 스펙만 자랑하는)을 하기 전에 먼저 경청하는 것을 습관화해 야 한다. 말을 많이 해서 상대를 설득시키기는 어렵다는 것을 알아야

할 것이다.

고객이 스스로 영업실무자 혹은 매장을 찾아온 경우에도 고객의 말을 경청하는 것이 중요하다. 고객이 처한 상황과 니즈를 정확히 파악하고 고객이 요구하는 제품과 서비스의 가치를 신속하게 논리적으로 제안할 수 있어야 한다. 이러한 고객은 대부분 자신의 니즈가 명확하다. 이 상황에서는 영업실무자가 얼마나 신속하고 정확하게 고객의 니즈에 맞는 제안을 하는가가 생명이다.

1. 고객과의 커뮤니케이션은 영업의 성패를 좌우하는 중요한 기술이다.
2. 고객이 영업실무자의 메시지를 영업실무자가 원하는 대로 이해하고 해석할 것이라는 기대를 갖지 말아야 한다.
3. 고객은 자신의 필터로 모든 메시지를 받아들인다.
4. 고객의 필터에 맞는 메시지를 준비하고 전달해야 한다.
5. 고객의 유형은 각양각색이다. 영업실무자는 이를 고객과의 커뮤니케이션에 적절하게 활용할 수 있어야 한다.
6. 고객과 커뮤니케이션을 할 때는 먼저 경청하겠다는 마음가짐을 갖도록 해야 한다.
7. 고객의 애매한 표현에 대해서는 검증하고 넘어가야 한다.
8. 영업실무자 역시 고객에게 메시지를 던질 때는 애매함을 극복하고 명확하고 구체적으로 전달해야 한다.
9. 행동으로 보여주는 경청에 더해서, 언어적인 경청을 활용해 고객과의 커뮤니케이션 수준을 올리고, 깊이있는 대화를 할 수 있어야 한다.

제2장

설득의 달인이 되라
─영업 커뮤니케이션의 목적 달성

[어느 날 애리조나 주에서 인디언 보석가게를 하는 주인은 오랫동안 재고로 남아 있는 터키 옥을 판매하는 것에 대한 고민을 하고 있었다. 그 당시는 관광의 절정기로 상점은 항상 고객들로 붐볐다. 그러나 터키 옥은 품질에 비해 가격이 상당히 낮게 책정되어 있음에도 불구하고 전혀 팔리지 않았다. 궁여지책으로 그는 터키 옥을 상점의 가장 중앙에 배치하고 고객의 관심을 끌려고 해 보았음에도 불구하고 판매는 여전히 부진하였다.

전 직원들이 매달려서 터키 옥을 팔아 보려고 노력하였지만 그 또한 실패로 돌아가고 말았다. 그러던 중 주인은 업무관계로 출장 가기 전날 밤에 손해를 보더라도 재고품을 모두 정리하기로 하고 간단하게 메모('진열되어 있는 터키 옥을 반값에 처분하세요!')를 지배인에게 남겼다.

주인이 3일간 출장을 마치고 돌아왔을 때 그는 그렇게 골치를 썩이던 터키 옥이 모두 팔려서 하나도 남아 있지 않은 것을 보고 깜짝 놀라 어떻게 된 일인지 알아보았다. 그 원인은 이러했다. 지배인은 주인이 '터키 옥을 반값으로 팔라'고 남긴 메모를 두 배의 가격으로 팔라는 것으로 잘못 이해하고 가격을 두 배로 올렸다. 그런데 더욱 놀라운 것은 기존의 가격보다 2배나 비싼데도 고객들이 그 터키 옥을 모두 사 갔다는 것이었다.]

고객들이 보석을 두 배나 되는 가격에 구매한 이유는 무엇일까? 왜 고객은 보석의 가격을 높게 책정하자 보석을 구매하였을까? 가격이 고객들에게 어떠한 영향을 미칠까? 그 이유는 지배인이 이 사실을 알고 있었든, 모르고 있었든 고객들의 설득당하는 심리(체면 자극하기, 희소성의 법칙, 다홍치마 심리 등)가 자극받은 것이다. 영업실무자들이 가장 바라는 것은 고객을 효과적으로 설득하는 것이다. B2C영업의 고객들은 B2B고객들에 비해 심리적인 영향을 많이 받는다. 영업실무자는 이러한 고객의 심리를 제대로 이해하고 고객을 설득할 수 있어야 한다. 이 설득에 대해 이번 장에서는 알아보도록 한다.

1. 설득의 이해

영업실무자가 고객과 진행하는 영업 커뮤니케이션(영업의 상담 약속을 잡기 위한 전화, 제안서, 카탈로그, 프레젠테이션, 시연 등 영업과정에서 진행하는 다양한 상담에서)의 목적은 고객으로 하여금 영업실무자가 제안하는 제안내용(다음 번 미팅약속, 검토에 대한 약속 등), 제안 솔루션[상품, 서비스(제품으로서의 서비스)의 가치]을 수용(구매)하도록 설득하는 것이다. 영업의 진정한 목표는 "자사의 표준 판매조건대로 고객이 구매하도록 하는 것이다"라는 것을 기억할 것이다. 즉, 설득은 영업활동(고객의 니즈와 상품의 가치를 연결하는)을 통해 영업실무자의 초기 제안인 표준 판매조건(회사가 정한)의 수정 없이 고객이 구매결정 및 계약을 하도록 고객을 움직이는 것이다. 이것을 나는 최고의 영업성과(회사가 정한 이익률을 100% 확보하는)라고 한다. B2C 영업실무자는 이 목표를 잊어서는 안 된다. 이 목표 달성을 위해서는 고객을 효과적으로 설득할 수 있어야 한다.

고객이 가격을 깎아 달라고 영업실무자와 실랑이를 벌이는 협상(흥정)의 경우에도 한 번의 수정 조건 혹은 영업실무자가 가진 권한 범위 내에서 판매조건을 고객이 수용(구매)하도록 고객을 설득하는 것이 협상(흥정) 커뮤니케이션의 목적이다. 어떠한 경우든 영업실무자는 고객을 효과적으로 설득할 수 있어야 한다. 이 설득력 강화를 위해 영업실무자들은 다양한 커뮤니케이션의 수단인 영업의 도구(샘플, 시승, 입어 보기, 판촉, 이벤트 등)들을 활용해 대고객 커뮤니케이션을 전개한다. B2C영업의 경우에는 고객이 스스로 영업장을 찾아오기도 한다. 이러한 고객 역시 영업실무자는 설득을 해야 한다. 왜냐하면, 고객이 매장을 찾아왔다고 모두 구매하는 것이 아니기 때문이다.

성공적인 설득을 위해서는 설득에 대한 올바른 이해와 기술, 지식이 필요하다. 여기서는 설득에 대한 잘못된 고정관념[설득을 당하면 손해라는, 테크닉(책임질 수 없는 것을 약속하는)을 발휘해서라도 일단 계약을 받는 것이 중요하다]을 버리고 고객과 상호 이익이 되는 결과를 위한 설득의 기술을 알아본다.

설득에 대한 사전적 정의는 "상대의 동기를 기술적으로 움직여 자신이 원하고 바라는 대로 생각하고, 판단하고 행동하도록 하는 의도적인 시도"라고 한국어사전에 정의되어 있다.

당신은 설득을 어떻게 생각하는가? 설득하는 사람과 설득당하는 사람 중 누가 이익을 볼 것이라고 생각하는가? 당신은 설득을 잘 하는 편인가? 설득당하는 편인가? 왜 설득이 어렵다고 생각하는가? 이러한 질문에 대한 답을 찾으면 효과적인 설득의 방법을 알게 될 것이다.

위의 정의대로 설득을 바라본다면 누가 이익이라고 생각하는가? 위의 정의를 보고 많은 사람들은 설득은 설득하는 사람이 이익이라고 생각한다. 이유는 자신이 원하는 대로 상대가 움직이기 때문이라고 답한다. 하지만 이는 설득에 대해 한쪽만(대부분 자기 중심으로) 보는 편견이다. 위의 설득에 대한 정의를 잘 분석해 보자. 그 속에 설득의 답이 있다. 위의 정의에서 사람들이 놓치는 두 가지를 살펴보자.

첫 번째는 '상대방의 동기'라는 표현이다. 이것이 의미하는 것은 무엇일까? 동기는 자신에게 전달되는 외부의 메시지를 해석하고 판단한 후 행동을 결정하는 기준이다. 상대의 동기가 무엇이고 그것을 어떻게 자극하고 움직였기에 상대는 우리가 원하는 대로 생각하고 판단하고 행동하는 것일까? 이 동기를 우리는 개인의 욕구 또는 필요라고 한다. 영업활동에서는 이 동기를 고객의 니즈(해결한 문제, 불편함, 욕구, 필요)라고 한다. 고객은 자신의 문제가 해결되고 욕구와 필요가 채워지는 니즈가 해결되기 때문에 영업실무자가 원하는 행동 [영업의 활동단계(방문 약속, 이벤트 참가 등)를 전개한 것을 허락해 주고 구매해 주며, 거래 파트너로 영업실무자를 선택하는 것]을 하는 것이다. 고객이 순진하게 자신에게는 필요도 없는 것을 영업실무자를 위해 행동(구매)하는 것이 아님을 알아야 한다. 모든 상품과 서비스가 시장에서 거래되고 고객이 구매하는 이유는 그 상품과 서비스들이 고객들의 필요를 충족시켜 주기 때문이다. 물론 이 필요는 고객에 따라 다르다. 결론적으로 거래가 발생하는 것은 고객이 필요해서 구매하는 것이지 영업실무자가 가격을 깎아 주어서 혹은 말을 잘해 팔리는 것이 아님을 알아야 한다.

둘째는, 상대방의 동기를 기술적으로 움직인다는 표현이다. 이것은 상대(고객)의 니즈와 고객이 처한 상황과 입장, 역할과 환경을 고려한 설득을 해야 한다는 것이다. 영업실무자는 자신과 상담하는 고객의 니즈, 사회적인 위치와 구매에서의 역할과 권한, 상황을 잘 이해한 후 고객에 맞는 상담을 전개할 수 있어야 한다. 고객에게 상품의 가치를 확신시켜 주기 위한 다양한 영업의 도구들을 적절하게 활용할 수 있어야 한다. 때로는 의도적인 접근(고객이 다가오지 않을 때)을 하여 고객과의 신뢰관계를 구축하고 영업실무자와의 상담을 수용하도록 해야 하며, 고객이 스스로 영업실무자의 제안을 받아들이도록(구매하도록) 상대를 움직여야 한다는 것이다. 이 두 가지의 요소(상대의 동기와 그 동기를 기술적으로 움직이는 자료, 내용들)가 잘 조화를 이룰 때 고객과의 상담이 성공적으로 진행될 것이다. 고객 또는 영업실무자가 상품과 서비스를 판매하려고만 하는 것이 아니라 자신의 니즈를 채워 주는 상담을 하는 것으로 받아들이는 것이다. 물론 이러한 마음을 고객이 갖는다면 상담의 성과는 올라갈 것이다.

정리하면 고객의 상황, 역할, 입장, 환경 등을 분석해 고객이 원하는 욕구, 해결할 문제, 달성할 목표 등 고객의 행동 동기인 니즈를 파악하고 그에 맞는 상담을 전개해야 한다. 또 고객에 따라 이 동기가 다르다는 것도 알아야 한다. 비록 고객이 자신의 동기/니즈를 말해 주지 않아도 영업실무자는 이 정도는 추론하거나 파악할 수 있어야 한다. 설득력있는 영업실무자가 되기 위해서는 자신이 제안하는 상품과 서비스의 가치(고객의 욕구 충족, 문제해결, 목표 달성 등을 지원하고 도와주는)와 조직의 역량(거래조건의 차별화, 가치 있는 서비스 제공 등 고객의 구매비용을 줄여 주는)에 대한 지식으로 고객이 가진 동기를 채워 준다는 것을 믿게 하는 사례, 근거 등으로 확신 있는 제안을 통해 고객이 그 가치를 받아들이도록 하는 준비작업이 요구된다. 때로는 영업실무자는 고객의 정보 수집(기존고객을 통해서든, 매출 동향을 통해서든, 사회적인 트렌드를 통해서든)을 바탕으로 고객의 상황과 환경을 분석해 고객이 가진 문제와 욕구, 니즈를 추론할 수 있어야 하고 그에 맞는 제안을 준비해야 한다.

설득 시 주의해야 하는 또 하나의 중요한 성과는 최소의 비용으로 상대(고객)를 움직여야 한다는 것이다. 영업실무자는 자신이 얻기를 바라는 것을 위해 과도한 비용을 지출해서는 안 된다. 특히 거래조건과 관련해서는 이 비용을 철저하게 관리해야 하고 보호해야 한다. 이 거래조건과 관련된 비용의 수준을 결정하는 것은 협상(흥정)능력이다. 이에 대해서는 B2C시리즈2 – 영업성공전략에서 알아보도록 한다.

결론적으로 설득의 핵심은 상대의 동기가 무엇이든, 그리고 그 동기가 알려진 것이든 알려지지 않은 것이든, 설득을 하는 사람이 그 동기를 자극을 하든 하지 못하든 상대가 스스로 자신의 동기가 채워진다는 것을 확신해야 한다는 것이다. 때로는 고객은 스스로의 필요를 채우기 위해 영업실무자가 원하기도 전에 행동하기도 할 것이다(우리가 스스로의 필요에 의해 어떤 제품을 구매하려고 매장을 방문하는 경우를 생각하면 이해가 쉽다). 이 경우는 고객이 스스로 필요성을 느껴 구매의사 결정과정을 가동하거나, 기업이 광고 등 마케팅 활동을 통해 고객을 설득하였기 때문이다. B2C고객을 대상으로 비즈니스를 하는 기업들은 이 마케팅 활동을 통해 고객의 마음과 머릿속에 자사의 상품과 서비스를 기억하도록 하는 노력을 한다. 목적은 하나다. 자사의 제품과 서비스를 고객이 스스로 선택해 달라는 것이다.

이러한 사실을 기준으로 영업실무자들이 고객을 설득하는 데 한계를 갖는 것은 다음의 원인들이 있다.

(1) 영업실무자는 자신이 준비한 영업메시지를 중심으로만 상담한다.

(2) 영업실무자는 자신이 원하는 것에만 관심이 있고 고객에게 그 행동을 일방적으로 요구한다.

(3) 고객의 니즈를 무시하거나 관심이 없다. 그래서 고객의 구매이유 혹은 구매목적을 파악하지 않는다.

(4) 고객이 자신의 니즈를 이야기해도 이를 파악하지 못한다.

(5) 영업실무자는 고객에게 제안하는 자신의 메시지에 대한 확신을 심어 주는 능력이 부족하다.

(6) 어떻게 하든 고객을 구워 삶으려고 한다. 따라서 확실하지 않는 정보를 이야기하거나 책임지지 못하는 것을 약속한다. 그리고 나중에 변명하거나 핑계를 대면서 책임을 회피한다.

영업실무자는 위의 실수를 되풀이해서는 안 된다. 아니 위의 설득 실패 원인을 모두 잊어야 한다. 그리고 다음의 설득의 기본원칙을 기억하고 활용하도록 해야 한다.

2. 설득의 기본원칙

설득을 잘 하고 싶은 욕구는 비단 영업실무자가 아니더라도 모든 사람이 가지고 있는 것이다. 설득력이 있다면 자신이 원하는 것들 중 많은 것을 얻을 수 있기 때문이다. 비록 원하는 것을 얻더라도 설득력이 부족하면 많은 비용을 지불해야 하기 때문이다. 설득력을 올리기 위한 원칙을 살펴보자.

(1) 설득할 때 사용하는 모든 메시지는 상대방(고객)이 이해하는 단어로 표현하라.

제1장에서 살펴본 커뮤니케이션의 장애물인 필터를 제거하기 위해서 이것이 필요하다. 영업실무자의 말을 고객이 영업실무자가 원하는 대로 해석하도록 만들기 위한 필수조건이다. 영업실무자의 말을 고객이 오해하거나 자신이 원하는 대로 해석해서는 안 된다. 이유는 고객은 자신이 해석한 결과대로 판단하고 행동하기 때문이다.

(2) 상대방(고객)을 이야기의 중심으로 만들어라.

고객의 관심사와 욕구를 파악하고 모든 대화의 내용과 결과 그리고 요구되는 행동이 고객을 위한 것으로 만들고 고객이 그렇게 느끼도록 하라.

(3) 상대방(고객)의 욕구에 초점을 맞추어라.

고객을 분석해 고객의 욕구와 원하는 것을 파악해야 한다. 개인이든 조직이든 스스로 필요성과 행동의 이익을 알아야 어떤 행동을 한다. 영업실무자의 경우 고객과 상담을 전개하면서 첫 단계부터 고객을 분석(고객의 행동과 표현, 고객의 외모 등을 통해 고객의 목적과 스타일 등을 파악)하고 상담과정에서 고객의 니즈를 명확하게 확인해야 한다. 제1차 분석은 고객에 대한 정보를 바탕으로 영업실무자가 고객의 니즈(달성할 목표와 해결할 문제 등)를 추론하는 것이다. 제2차 분석은 고객과 상담하면서 질문을 통해 추론을 확인하고 고객이 스스로 자신의 니즈를 말하도록 하는 것이다. 이를 위해서 앞에서 알아본 경청의 기술을 활용하기 바란다.

(4) 상대방(고객)의 욕구를 채워 줄 수 있는 내용을 제안하고 그 제안을 수행할 수 있는 영업실무자의 메시지(상품의 가치, 조직의 역량 등)를 신뢰하도록 하라. 즉, 고객의 욕구를 파악한 후 영업실무자는 자신의 상품이 가진 가치와 조직과 영업실무자 개인의 능력과 역량으로 그 욕구를 채워 줄 수 있다는 믿음을 갖도록 해야 한다. 이를 위해서는 다양한 자료와 사례, 증거, 추천서 등을 활용할 수 있어야 한다. 영업실무자가 고객에게 제안하는 가치에 따라 적절한 영업의 도구를 활용할 수도 있어야 한다.

(5) 상대(고객)가 해야 하는 행동(설득의 결과로 당신이 원하는 것)을 구체적이고 명확하게 요구하라.

고객이 해야 하는 행동(계약, 다음 미팅의 허락 등)을 고객이 알아서 결정할 때까지 기다리지 말고 먼저 요구해야 한다. 영업실무자의 경우 고객에게 제안한 내용에 고객이 동의를 표하거나 설득되었다는 징후가 보이면 과감하게 다음의 행동(영업의 단계 제안, 계약요청 등)

을 요구하는 것이다. 그래야 상대방의 반응을 파악하고 또 다른 요구
사항이 있는지 알 수가 있기 때문이다.

(6) 고객의 다양한 거절과 저항 그리고 거부에 대해서는 고객의 반
응과 메시지를 그대로 믿지 말고 이면을 파악하는 노력을 하라. 그
다음에는 고객이 고민하도록 만들어야 하고, 다시 만나 상담할 기회
를 확보할 수 있어야 한다. 고객은 본능적으로 영업실무자의 제안에
대해 거부하는 경향이 있다. 설득을 위한 고객과의 상담은 늘 영업실
무자가 원하는 대로 진행되지는 않는다. 이에 영업실무자는 스스로
포기(고객의 반대를 극복할 수 없다. 영업이 어려운 이유는 고객이
거절하기 때문이다 등)를 해서는 안 된다.

3. 설득의 심리

사람들은 다양한 이유로 설득당한다. 설득은 심리적인 선택과 결
정의 결과물이다. 이러한 심리적인 요인들을 알면 영업실무자는 고객
과의 상담에서 좋은 성과를 달성할 기회가 많아진다. 다음의 설득심
리를 잘 이해하고 고객과의 상담에 활용하기 바란다.

1) 일관성의 심리

영업실무자의 말이 그때 그때 다르다. 지난번 상담 때의 이야기와
오늘의 이야기가 앞뒤가 맞지 않는다. 약속하고는 잊어버리거나 상황

이 바뀌었다고 하면서 자신이 한 약속을 지키지 않는다. 그러면서도 고객에게는 빨리 결정하라고 한다. 상품의 가치(고객이 얻는 이익)에 대한 영업실무자의 말과 나중에 확인된 상품의 가치가 다르다. 즉, 고객의 문제를 해결하지 못하거나 고객이 기대한 수준과 다르다. 이러한 영업실무자를 어떤 고객이 믿고 거래를 하겠는가? 자신의 메시지를 일관되게 밀고 나가는 것이 상대를 설득하는 데 더 효과적이다. 고객 또한 이러한 영업실무자의 제안을 긍정적으로 받아들인다. 그리고 고객은 자신이 내린 영업실무자와 영업실무자가 제안한 것에 대한 평가내용(좋고 나쁨)을 계속 유지하고자 한다. 따라서 영업활동 중의 모든 제안에 대해 고객으로 하여금 항상 긍정적인 답을 하고 시각을 갖도록 하는 것이 중요하다.

2) 전문성의 심리

의사가 흰 가운을 입는 이유는? 변호사가 깔끔한 정장을 입는 이유는? 자신들이 전문가라는 인상을 주어 자신들의 말과 능력을 타인들이 믿도록 하는 것이다. 또한 다양한 주변 지식을 통해 자신의 핵심 능력의 가치를 강화한다. 영업실무자 또한 자신의 비즈니스와 고객의 비즈니스에 대한 전문가적인 식견과 지식, 정보를 갖고 있어야 한다. 고객은 전문적인 능력과 지식(고객의 상황과 구매 필요성과 이익, 라이프스타일 등에 대해)을 갖춘 영업실무자의 말을 더 신뢰한다. B2C 영업실무자가 만나는 고객은 대부분 실제 사용자들이다. 고객은 자신이 상담하는 영업실무자가 자신보다 더 제품에 대해 전문가라고 믿는다. 그래서 영업실무자의 말을 그대로 따라 한다. 고객이 영업실무자의 말을 그대로 수행해도 제품의 작동이 잘 안 될 때는 영업실무자의 능력에 대해 실망한다. 따라서 고객이 이러한 도움을 요청할 때는 적극적으로 해결해 주어야 한다. 이러한 상황에서 영업실무자가 "저는 제가 아는 것을 이야기했을 뿐입니다. 제 말을 따라 하는 것은 고객님의 선택이고 책임입니다"라고 해서는 절대로 안 된다.

3) 우호성의 심리

우호적인 태도(좋은 인상, 좋은 태도, 좋은 이미지, 전문가다운 복장, 미소 짓는 얼굴, 칭찬의 메시지, 긍정적인 대응 등)는 모든 사람들의 마음을 열어 준다. 자신에게 호감을 보여 주는 누군가를 싫어하거나 거부하는 사람은 거의 없다. 영업실무자는 항상 고객의 마음을 얻을 수 있는 인간적인 매력을 갖추어야 한다. 이미지를 관리하고 스스로 매력적인 사람이 되어야 한다. 고객이 처음 영업실무자를 만났을 때 부담감을 주어서는 안 된다. 특히 말을 많이 하는 것보다 고객의 말을 잘 듣는 경청의 전문가가 되라. 고객의 마음을 얻을 수 있는 가장 확실하고 빠른 방법이다. 고객의 우호성 심리에 가장 좋은 영향을 미치는 것은 공감대 형성이다.

4) 합리화의 심리

고객은 영업실무자의 제안에 대한 확신(구매의 가치와 그 결과로써 얻는 이익)을 원한다. 영업실무자의 말에 설득당했다는 느낌보다는 스스로 선택하였다는 느낌을 갖기를 원한다. 사람은 스스로 선택한 것에 대해서는 합리화시키려는 욕구가 있다. 이 심리가 영업실무자가 일방적으로 밀어붙이기 영업을 하는 것에 대한 고객의 저항 원인이기도 하다. 고객이 믿을 만한 사례, 증거, 전문적인 데이터 등을 활용해 신뢰를 갖도록 하라. 고객의 선택에 대한 합리화를 도와 주기 위해서는 영업실무자가 고객의 니즈 해결을 도와 주고 구매의 이익을 강화시켜 주려는 것이라는 것을 고객이 믿도록 해야 한다. 영업실무자의 제안에 고객은 '왜?', '그래서?', '어떻게?' 등등의 의문을 갖는다. 이러한 고객의 의문을 사전에 해결해 주는 합리적이고 논리적인 제안을 해야 한다.

5) 기회획득 심리

영업실무자가 제안하는 상품의 가치를 통해 고객이 얻는 이익과 문제해결의 기회를 강조해 고객으로 하여금 스스로 자신의 성장과 발전, 문제해결을 통한 삶의 목표를 달성하는 기회를 잡도록 하는 심리를 활용하는 것이다. "지금 결정하면 구매비용을 몇 퍼센트만큼 더 저렴하게 할 수 있다. 한 달 연기한다면 가격이 올라가 비싸게 구매해야 한다" 등의 메시지로 고객에게 좋은 기회를 잡도록 한다. 이번 기회를 놓치면 문제의 지속과 불편함이 지속된다는 것을 강조하는 것도 좋다.

"기회가 많지 않다, 이번 기회가 최선이다." 희소성을 강조해 고객이 스스로 목마르게 해 기회를 놓치지 않도록 하는 방법이다.

6) 사회적, 인간관계 심리

"누가 이 상품·서비스를 사용한다. 그들은~한 문제해결을 하고~한 이익을 얻었다" 등등의 고객에게 영향력이 있는 준거인물이나 사회적인 유행 혹은 트랜드와 사례, 증거들이 설득의 계기가 된다. 예를 들면 유명인 또는 고객의 주변 사람들이 사용한다는 것과 그 결과로서 그들이 얻은 이익과 혜택을 강조한다. 가능하다면 그들의 추천장을 활용하는 것도 좋다. 기업들이 유명인을 광고 모델로 선정하는 이유도 여기에 있다. 대부분의 사람들은 사회적인 트랜드와 흐름에서 벗어나기를 원하지 않는다. 특히 자신과 유사하다고 생각하는 사람의 행동을 따라 하는 경향이 이것을 말해 준다. "친구 따라 강남 간다"는 속담을 생각해 보라. B2C영업 활동을 하는 영업실무자들이 자신들이 대기업이고 유명인사들이 자사의 고객임을 강조하는 이유도 여기에 있다. 기존고객의 성과들을 정리한 근거자료와 사례를 많이 준비하고 늘 고객에게 제시하도록 하라.

7) 선택의 심리

너무 많은 선택 항목은 결정을 지연시키거나 결정을 번복하게 하거나 결정을 후회하게 한다. 반대로 선택의 여지가 없는 경우에는 강요당한다는 느낌을 갖는다. 사람들은 결정하기보다 선택하기를 좋아한다. 고객에게 너무 많은 선택안을 던지지 마라. 2~3개의 선택안을 제안하고 그중에서 선택하도록 하면 훨씬 빨리 결정한다. 고객이 영업실무자가 제안한 선택안 중에서 결정하지 못하면 자신이 생각하는 대안을 역으로 제안한다. 영업실무자는 그 제안을 받아들일 것인지만 결정하면 된다.

8) GIVE & TAKE

　모든 관계의 기본이다. 비즈니스 관계든 사회생활에서의 인간관계 든 조직생활에서든 사람들은 상호 교환의 욕구가 있다. 무엇인가를 받았으면 무엇인가를 주려는 심리가 작용한다. 물론 반대의 경우도 마찬가지이다. '내가 준다'의 미래형은 '내가 받는다'라고도 한다. 영 업실무자는 되로 주고 말로 받을 수 있어야 한다. 때로는 작은 것을 양보하면서 큰 것을 얻을 수도 있다. 특히 이 심리는 협상(흥정)의 가 장 기본이 되는 원칙이자 협상(흥정)의 전술이다. 주는 것의 가치가 높을수록 얻는 것의 수준도 올라간다. 양보할 때는 조금씩 자주 양보 하면서 그 가치를 항상 크게 말하라. 얻을 때는 한 번에 많은 것을 얻 도록 하라.

9) 청개구리 심리

　사람들은 하지 말라고 하면 그 행동을 더 하고 싶어 한다. 고객에 게 "상품과 서비스가 어울리지 않거나 조화되지 않는다. 아무나 살 수 있는 것이 아니다"라고 하면 오히려 더 갖고 싶어 한다는 심리이 다. 이 심리는 부작용이 우려된다. 상대가 영업실무자의 말을 그대로 믿으면 거래의 기회가 사라질 수도 있음을 알아야 한다. 고객의 니즈 를 확실하게 확인한 후 활용하라. 고가의 브랜드나 제품을 판매하는 영업실무자들이 종종 사용하는 방법이다. 고객의 자존심 혹은 체면을 자극하는 것으로 사용에 주의를 요한다.

10) 연상의 심리/다홍치마 효과

"마누라가 예쁘면 처가 쪽을 보고 절을 한다"의 속담을 생각하라. "고객님의~한 문제해결을 위한 최선의 제품이다. 안성맞춤이다. 이렇게 잘 어울리는 경우는 본 적이 없다" 등의 메시지가 가진 설득력이다. 영업실무자는 고객에게 제안하는 상품과 서비스를 통해 고객이 얻는 이익을 이미지로 그리도록 표현하고 상상하도록 하면 고객에 대한 설득력이 올라간다. 구매이익에 대한 연상을 고객이 명확하게 그리고 오래 가질수록 설득의 기회는 많아진다. 자동차를 구매하려는 고객 앞에 자동차 열쇠를 고객이 보이는 곳에 두고 상담하는 것이 효과가 있는 이유도 여기에 있다.

11) 기대치 심리

사람들은 상대방이 어떻게 행동할 것인가에 대하여 일정한 기대치를 형성하고 있다. 이러한 기대치가 상대방의 행동에 의해 확인되면 기존 기대치는 더욱 강화된다. 영업실무자는 고객이 기대하는 것 이상을 제공해 줄 수 있어야 한다. 그것이 고객에게 부족한 상품에 대한 지식이나 상품의 가치를 더 강화하는 서비스라면 훨씬 매력적일 것이다. 고객이 알지 못하고 있던 사용법과 활용가치를 알려 주라. 이것을 실행하는 데 많은 시간이 소요되지는 않는다. 작은 팁(상품을 관리하는 요령, 옷을 입는 요령과 색상의 조화 등)을 준비해 전달하는 것도 좋은 방법이다. 이미 구매를 한 것으로 기징사실화하고 기타 부가적인 조건(카드결제 혹은 현금결제, 설치일정 등)을 확인하는 것도 이 심리를 활용하는 것이다.

기타 고객을 설득하기 위해서는 미리 주기 법칙, 양보의 법칙, 미끼의 법칙, 문전 걸치기 기법, 시견 법칙, 체험기회제공 법칙, 손실은 합치고 이익은 나누기 법칙, 위험회피의 법칙 등이 있다. 유능한 영업실무자가 되기 위해서는 고객을 이해하고 그들을 설득하는 능력이 무엇보다 중요하다. 카탈로그 설명, 시연, 협상(흥정) 등등의 영업도구 수행(영업활동)의 성과를 결정짓는 것은 고객을 설득하는 정도에 달려 있기 때문이다. 마지막으로 덧붙이고 싶은 중요한 핵심은 "오늘이 지구의 종말은 아니다"라는 것이다. 이 말이 의미하는 것은 오늘 고객과의 상담에서 실패하였더라도 고객과 만나는 마지막 날이 아니다. 그리고 오늘 결정을 보려는 조급함을 갖지 말라는 것이다. 영업실무자의 조급함은 대부분 비즈니스 판매조건의 악화(매출 이익률의 저하)와 책임질 수 없는 약속을 하는 테크닉 중심의 영업활동(고객의 신뢰를 잃어버리는 그리고 고객이 영업실무자를 믿지 못하는)으로 이어진다. 상품의 가치를 명확하게 제안하였고 고객이 인정하였음에도 고객이 결정하지 않으면 다시 만나 설득(다른 영업의 도구나 사례 등으로)하면 된다. 이러한 상황에서는 고객에게 고민하도록 하거나 (체험하도록 샘플을 제공하는 등의 방법으로) 다시 만날 계기를 마련하는 유연성과 융통성을 갖는 것이 유능한 설득자가 갖고 있는 기술이다.

이렇게 해야 하는 이유는 고객의 요구(거래조건의 변화)를 영업실무자가 자사의 이해관계자와 협의해야 하듯이, 고객도 영업실무자가 제안한 상품을 구매하는 데 내부 이해관계자들과 검토할 시간(구매과정)이 필요할 수도 있다. 그래서 결정을 연기하기도 한다. 고객의 구매결정을 연기하는 이러한 반응에 조급함을 갖지 말아야 한다. 오히려 고객이 그러한 검토를 하도록 제안(다른 영업활동 등)하라. 항상 다시 만나 대화할 여지를 남겨 두고 또 그 기회를 확보하는 것이 중요하다. 성급하게 오늘 모든 거래를 마무리 지으려는 시도를 하면 더 목마른 사람이 된다. 목마름의 결과는 잘 알 것이다. 설득은 시간을 두고 천천히 그리고 한 걸음씩 다가가 마음을 움직이는 것이라는 생각을 갖도록 하라.

고객 설득을 위해서는 본격적으로 영업실무자는 자신이 준비한 메시지를 고객에게 전달해야 한다. 고객의 성격이나 스타일을 이해하고 고객의 니즈를 파악하기 위해서는 경청이 필요하였지만, 고객을 설득(의사결정을 하도록 하거나 영업실무자의 제안을 수용하도록 하는)하기 위해서는 말하는 능력이 요구된다. 지금부터는 이 말하기 능력에 대해 알아보도록 한다.

영업실무자가 고객을 만나 말할 때는 크게 두 가지 경우가 있다. 하나는 고객을 처음 만났을 때 관계를 형성하고 오픈 마인드를 하며 신뢰를 쌓기 위한 말하기로 날씨나 뉴스 등을 중심으로 대화하는 경우이다. 이때는 고객이 영업실무자와의 상담에 부담감을 갖지 않도록 하는 것과 고객의 성격유형 파악, 그리고 영업실무자에 대한 좋은 이미지를 갖도록 하는 등이 목적이다. 이때 나눌 대화의 소재도 고객 중심으로 정하라. 이 고객의 마음을 여는 기법에 대해서는 다음 장에서 자세히 알아볼 것이다. 두 번째는 거래와 관련된 대화를 본격적으로 하는 경우이다. 이때의 말하는 목적은 고객을 설득하는 것이다. 따라서 논리적이고 구조적인 방법으로 말할 수 있어야 한다.

4. 설득의 구조 1-고객의 니즈를 알 때, 고객이 자신의 니즈를 말할 때

영업실무자 입장에서 고객의 니즈를 안다는 것은 설득의 8~9부 능선에 올라선 것이나 다름 없다. 고객의 니즈를 알고도 고객을 설득할 수 없다면 심각한 문제가 된다. 여기서 기억할 것은 영업상담에서의 설득 목적은 자사의 표준 판매조건대로 고객이 구매하도록 하는 것이거나, 영업의 다음 단계 약속을 받는 것이다. 영업실무자 입장에서 고객의 니즈를 알 수 있는 경우는 고객이 스스로 상품과 서비스를 구매하기 위해 접촉해 올 때(In Bound 고객)와 영업실무자가 상담을 진행하면서 하는 질문과 고객의 답을 통해서, 그리고 상담을 준비하면서 조사한 고객에 대한 정보를 바탕으로 한 추론을 통해서 고객의 니즈를 발견하는 것이다.

경험이 있는 영업실무자는 고객이 자사의 상품과 서비스를 구매하는 이유(SPEC이 아니라 고객의 필요, 욕구로 채우고자 하는 궁극적인 구매 이유)를 잘 알 것이다.

성공적인 설득을 위해서 기본적으로 갖추어야 할 것이 상품의 지식, 즉 상품의 가치이다. 이 상품의 가치에 대해서는 B2C영업 시리즈 2에서 자세히 알아볼 것이다. 고객에게 니즈 파악을 위해 질문을 던질 때도 이 상품의 가치가 중심이 되고 고객을 설득할 때도 상품과 서비스의 가치가 기본이 된다. 유능한 영업실무자가 되기 위해서는 아래의 설득 방법과 구조, 그리고 표현으로 설득할 수 있어야 한다.

1) 상담 중 고객이 자신의 필요와 니즈를 이야기할 때

영업실무자와 상담을 하는 고객은 자신이 의도했든 의도하지 않았든 자신의 입장과 현재 상황, 달성할 목표와 목표 달성의 장애물, 그리고 해결하고자 하는 문제와 필요한 해결책을 표현한다. 이렇게 고객이 먼저 자신의 니즈를 직간접적으로 표현할 때 이를 놓치지 않기 위해서는 고객의 말을 잘 듣고, 확인하고 반복하는 경청을 해야 한다. 일반적으로 고객은 다음의 말로 자신의 욕구와 문제인 니즈를 표현한다.

"나는~한 문제를 해결해야 한다."
"~~~이 나의 구매 목적이다."
"우리 가족은~을 원한다."
"~이 문제이다."
"~한 불편함과 어려움을 해결해야 한다."
"~한 문제가 불편하다."

위의 니즈들은 고객의 생활 또는 가족과 관련된 해결할 문제들이다.
영업실무자는 집중해서 고객의 메시지(니즈를 표현하는)를 듣고 때로는 언어적인 경청("지금~을 말씀하셨는데…… 왜?", "~을 원한다는 말씀이신가요?" 등으로 고객의 니즈를 재확인하거나 추가적인 정보를 얻는)을 효과적으로 활용하는 기술을 갖추어야 한다. 고객이 자신의 니즈를 인정하면 영업실무자는 설득을 시도한다. 이때 영업실무자는 다음의 구조로 설득 메시지를 전달한다. 이때 영업실무자가 제대로 말할 수 있어야 한다.

(1) 고객의 니즈 인정, 고객의 니즈 반복
"지금~한 것이 불편하다고 말씀하셨습니다. 맞습니까? 많은 고객이 저희 제품을 구매해 해결하는 문제이지요."

(2) 상품의 가치 제시-상품, 서비스
사실, 특성, 장점
"그 문제를 해결하기 위해 저희 상품은~한 기능과 특징이 있습니다."

(3) 문제해결, 편리함
"이를 통해 말씀하신 문제를~게 해결하실 수 있습니다."

(4) 이익
"따라서~한 편리함과 주변으로부터 부러움의 시선을 받을 것입니다."

(5) 근거·사례자료, 증거, 체험 제안
"그것에 대한 사례로는 이 자료를 보시면……"
"어떠신지요. 직접 한 번 사용해 보시면 더 확실히 느끼실 수 있을 것입니다."

(6) 확인
"어떠신지요? 매력적이지 않습니까?"

(7) 행동요구 – 의사결정 촉구, 영업단계 제안
"따라서 저희는~한 방법으로 거래를⋯⋯?"
"마음에 드시면 제품을 어떻게 전달해 드리면⋯⋯?"
"언제 배달해 드리면 될까요?"
"지금 결정을 내려 주시면 곧 계약을⋯⋯"

영업실무자의 메시지가 고객의 이익을 명확하게 강조하고, 제시되는 사례가 객관적이고 타당하다면 고객의 마음을 움직일 수 있을 것이다. 고객의 마음을 당장은 움직이지 못하더라도 고객이 고민을 하게 되는 흥미와 관심은 충분히 유발할 수 있을 것이다.

위의 구조를 자연스레 사용할 수 있을 때까지 연습하도록 하라. 연습할 때는 위의 구조 그대로 따라 하는 것이 좋다. 숙달된 다음에는 다양하게 응용할 수 있을 것이다(이야기하는 순서를 바꾸는).

그리고 위의 설득구조가 복잡하다고 생각된다면 상담을 통해 고객의 니즈를 파악한 후 영업실무자는 상품의 가치가 어떻게 고객이 가진 니즈를 충족시켜 주는지 핵심만을 전달할 수도 있다. 그 방법은 사례, 근거, 증거를 먼저 제시하면서 고객의 반응을 살피는 것이다. "그럼 이 자료를 보시면 지금 말씀하신 문제를 해결한 ○○○ 님께서 써 주신 사용 후기입니다. ○○○ 님도 이러한 문제해결의 혜택을 보실 수 있습니다. 결정을 내려 주시면 저희는……"의 구조로 고객을 설득하면 된다.

이와는 반대로 고객은 상담하면서 자신의 필요와 니즈를 언급하였는데도 불구하고 영업실무자가 이를 파악하지 못한 채 고객의 니즈 해결과는 상관이 없는, 하지만 영업실무자는 팔려고 하는 상품을 일방적으로 제안하거나 상품의 기능과 성능을 자랑하는 일방통행식의 커뮤니케이션을 한다면 고객은 상담에 집중하지 못하고 "나중에 다시 오겠다", "자료를 두고 가면 검토해 보겠다", "필요할 때 연락하겠다" 등의 말로 상담을 거절한다.

더욱이 이러한 상담을 전개한 결과로 고객 입장에서는 이 영업실무자는 자신의 니즈에 대해 관심조차 없다고 생각을 갖고 영업실무자를 중요한 거래의 파트너가 아닌 상품을 팔려고만 하는 장사꾼으로 판단한다.

2) 고객이 자사의 상품과 서비스를 구매하려고 먼저 접근해 왔을 때 → In Bound 고객

고객이 자신의 문제해결과 니즈 충족의 해결책으로 영업실무자를 찾거나 영업장소(대리점, 매장, 지점 등)를 찾는 경우이다.

어떤 이유에서든 고객은 자신들의 문제를 해결하고 원하는 목표를 달성하려는 필요를 채우기 위해 외부 자원(상품 또는 서비스)의 구매가 요구된다. 이렇게 구매를 위해 먼저 다가오는 고객을 놓쳐서는 안 된다. 고객이 찾아왔기 때문에 구매할 것이라고 단정 짓는 그래서 효과적인 상담을 하지 않아도 된다는 안일한 생각을 해서도 안 된다.

많은 점두영업을 하는 영업실무자들이 영업성과 달성의 기회를 놓치는 이유이기도 하다. 이때도 올바른 상담 스킬로 상담을 전개하고 고객이 자사와 비즈니스를 하도록 효과적인 상담을 통해 고객을 설득해야 한다. 더 나아가 이 고객이 이번 한 번의 거래로 관계가 끝나게 해서는 안 된다. 이러한 상황에서의 다음의 구조로 상담을 전개하고 고객을 설득하라.

・매장을 찾아온 고객

많은 B2C고객은 직접 영업실무자가 일하는 영업현장(판매장 등)으로 찾아온다. 어떤 매장이든 매장의 문을 열고 들어서는 고객은 상품과 서비스에 대한 관심(단순한 호기심 또는 시장조사 및 비교를 위해 등)과 구매에 대한 필요(해결할 문제 등을 갖고 있는) 때문에 매장을 방문한다. 이러한 고객을 놓쳐서는 절대로 안 된다.

얼마 전 필자는 자동차와 노트북 구매를 위해 자동차 영업소와 노트북 전문매장을 방문하였다. 그 매장에 있던 판매직원의 상담수준은 필자의 기대 이하였다. 자동차 영업소의 직원은 필자가 10분 가까이나 자동차를 살펴보는데 관심조차 보이지 않았다. 노트북 매장의 직원은 귀찮은 듯 필자의 질문(이것이 최근에 소개된 신제품이냐?, 언제 매장에 입점하는가?, 기능과 성능은?, ~한 프로그램이 제공되는가? 등등)에 건성으로 대답하였다. 그 결과는? 일정 시간이 지난 후 필자는 자동차를 구매하고 노트북도 구매하였다. 어디서? 당연히 다른 매장에서 구매하였다. 그들이 왜 그러한 반응을 보였는지는 모르지만 매출의 기회를 놓친 것이다.

매장을 찾아온 고객이 어떠한 고객일지라도 그 고객이 매장을 떠

날 때는 무엇인가 고객이 고민하고 생각하고 만들어 다시 매장을 찾고 싶도록 해야 한다. 당장 결정을 하지 못한 고객에게는 특별 이벤트 참여의 기회를 알리는 것도 한 방법이다.

5. 설득의 구조 2-고객의 니즈를 모를 때, 고객이 자신의 필요와 니즈를 말하지 않을 때

고객을 만나(영업실무자가 찾아갔든, 고객이 영업실무자 혹은 매장을 방문하였든) 상담을 전개한다. 날씨 이야기 등의 주제로 친교를 나누는 오픈 마인드를 할 때나, Small Talk을 나눈 후 본론으로 들어가 고객의 니즈를 파악하기 위해 질문을 하려하자 고객이 "왜 제가 귀사의 상품과 서비스를 구매해야 합니까?", "어떤 상품입니까?", "바쁘니 결론부터……", "그냥 둘러보러 왔습니다. 새로운 것이 있나 해서……" 등의 반응을 보이면서 고객이 자신의 니즈를 말하지 않으면서 영업실무자의 질문을 막는다. 때로는 영업실무자의 제안 혹은 질문을 무시한다. 경험이 있는 영업실무자라면 이러한 반응의 대부분은 고객이 자신의 진심을 숨기거나, 아직 흥미가 없다는 것과 영업실무자의 질문을 막으려는 고객의 마음임을 잘 알 것이다.

또 질문하였음에도 대답하지 않고 오히려 위와 같은 반론을 제기하면서 영업실무자에게 대답을 요구하면서 영업실무자를 궁지로 몬다. 심한 경우 "왜 오셨습니까? 지금 바쁘다. 우리는 됐다" 등의 반응을 보이면서 영업실무자의 접촉을 반기지 않을 뿐더러, 자신이 니즈를 밝히지 않는다.

영업활동에 대한 경험이 있는 영업실무자들은 이러한 반응을 수없이 겪었을 것이다. 이러한 고객의 반응을 있는 그대로 받아들여 물러나서는 안 된다. 물론 이러한 반응을 보이는 고객을 전술적으로 혼자 두기도 한다(고객 혼자서 매장을 둘러보도록 하는 등). 하지만 이런 고객의 마음을 끌기 위해 조건영업(가격을 깎아 주겠다,~한 것을 서비스로 준다 등)을 하거나 그러한 의미가 담긴 메시지를 던져서는 더더욱 안 된다. 영업실무자가 고객에 대한 충분한 사전조사와 준비를 하였다면 이러한 상황도 효과적으로 극복하고 고객을 상담에 임하도록 고객과의 대화를 주도할 수 있을 것이다. 따라서 고객을 방문해 영업활동을 전개하는 영업실무자들에게는 반드시 몸에 익혀야 하는 영업상담 기술이다.

이때는 고객을 설득하기에 앞서 영업실무자가 먼저 할 일은 고객을 상담에 집중하도록 만들어야 한다. 이를 위한 가장 효과적인 방법은 고객의 관심과 흥미를 유발하는 메시지를 사용하는 것이다. 이 메시지에 대한 고객의 반응을 통해 고객이 말한 위의 상황이 사실인지와 관심이 진짜로 없는 것인지…… 등을 파악할 수 있다. 영업실무자가 가장 많이, 그리고 자연스럽게 활용할 수 있어야 하는 영업상담의 기술이다. 다음의 구조는 고객이 자신의 니즈를 말하지 않거나, 영업실무자가 고객의 니즈를 모를 때 활용하는 설득의 과정이다.

1) 흥미 유발과 관심 끌기

영업실무자가 가장 먼저 끌어내야 하는 고객의 반응은 고객이 영업실무자와의 상담과 영업실무자가 소개할 제안에 흥미와 관심을 갖도록 하는 것이다. 대부분의 경우 고객은 자신을 방문한 영업실무자를 반기지 않을 뿐아니라 자신의 요구사항과 니즈를 먼저 말하지 않는 것이 영업현장의 현실이다. 고객들은 침묵을 지키거나 어디 설명해 봐라 등등의 반응을 보인다. 영업실무자는 이러한 반응을 보이는 고객의 마음을 열거나 흥미를 유발할 수 있는 능력을 갖추어야 하고 필요한 준비를 해야 한다. 고객이 소극적인 태도나 부정적인 반응을 보일 때 고객의 흥미와 관심을 유발하기 위해 회사에서 제작한 카탈로그나 제안서(상품 설명 중심의 제안서)를 성급하게 제공해서는 안 된다. 이때 고객의 흥미를 유발하는 방법은 기존고객의 성공사례, 특히 상담 중인 고객의 지인의 구매내용 혹은 그 지인의 성공사례(구매를 통해 얻는 이익, 편리함 등) 등 자사의 상품과 서비스의 가치를 강조할 수 있는 자료를 카탈로그/제안서와 함께 또는 별도로 제공할 수 있어야 한다. 즉, 고객이 상담을 통해 또는 영업실무자가 제안하는 상품과 서비스를 구매해서 얻는 또는 얻을 수 있는 가치(욕구·니즈 충족과 문제해결 등)를 강조하고 그것에 합당한 사례, 근거자료를 제시하면서 고객의 흥미와 관심을 끌어야 한다.

"그럼 이 자료를 한번 보시죠. 이 데이터는 ○○○ 님의 저희 에어컨 사용에 따른 전기료 절감에 대해 저희가 도와드린 성과자료입니다. 이 자료의 내용이 바로 제가 오늘 방문한 목적이고, 귀하가 얻을 수 있는 이익입니다" 등의 말을 하면서 자료를 제공한 후 고객이 검토할 때까지 기다리면서 고객의 반응을 살펴야 한다. 고객이 검토 중이면 말을 하지 말고 고객의 반응(어디에 흥미를 갖는지 등)을 살펴라. 고객이 제시한 자료와 관련된 질문을 하면 대답하면서 상담의 가능성을 타진하라. 고객이 긍정적인 반응을 보이면 다음 단계(본격적인 상담)로 넘어간다.

2) 배경과 상황 강조

여기서는 두 가지를 말한다. 하나는 제공한 사례의 고객이 왜 자사의 솔루션을 선택해야 했는지에 대한 상황적인 정보, 그 결과로서 얻는 이익, 자사의 비즈니스 방법 등을 이야기한다. 두 번째는 지금 상담을 하고 있는 고객이 처한 환경(가정상황, 트랜드와 시장·고객의 흐름, 해결할 문제, 고객의 요구 및 불평, 달성할 목표와 라이프 사이클, 기술의 변화 등)을 이야기한다. 이 단계가 중요한 이유는 영업실무자가 고객에 대해, 고객의 상황에 대해 얼마나 이해하고 있는지를 알려 전문가로서의 능력을 인정받음으로써 고객이 부담없이 상담에 몰입하도록 해야 하기 때문이다.

특히 B2C 영업실무자의 경우 사회적 근거(유명인사의 사용장면, 고객과 유사한 주변인사들의 구매동향, 유행, 이웃의 움직임 등)를 잘 활용해 상담 중인 고객의 구매 필요성을 자극하면 효과적이다.

3) 필요성, 요구되는 조치, 해결할 문제

위에서 파악한 정보를 바탕으로 고객이 처한 상황을 정리한 후 그 상황에서 기존고객이 해결한 문제와 상담 중인 고객이 해결할 문제, 니즈의 존재 여부를 확인하면서 해결의 가능성과 해결 후의 이익을 강조한다. 즉, 영업실무자의 제안을 선택해야 하는 필요성과 구매의 정당성을 강조하는 것이다. 여기에서 고객이 영업실무자의 말에 긍정적인 반응을 보인다면 상담은 영업실무자의 기대대로 진전될 것이다.

4) 사례의 제시

자사의 상품과 서비스의 가치를 누리고 있는 다른 고객의 사례를 근거자료와 함께 제안한다. 이때 고객이 동의하거나 긍정적인 신호를 보내면 영업실무자는 고객에 맞는 구체적인 이익을 강조한다. 이때 사용하는 이야기의 구조는 다음과 같다.

(1) 사실, 특성으로서 SPEC
"위의 결과가 가능했던 이유로는 저희 상품·서비스는~한 특성과~한 기능이 있기 때문입니다."

(2) 문제해결, 편리함

"그 기능과 특성들이~한 문제해결과 편리함을 제공해……"

(3) 이익

"따라서 귀하께서도 원하시는~목표 달성,~한 문제해결이 가능할 것입니다."

(4) 근거, 사례

"추가 사례로는……"

(5) 확인

"어떠신지요? 이 정도면 괜찮지 않나요?"

(6) 추가적인 니즈 파악

"다른 궁금하신 점이 없으시면 제가 몇 가지 확인을……" 하면서
고객의 반응을 살피면서 추가적인 니즈 파악에 돌입한다. 니즈 파악
을 위한 질문에 대해서는 다음 장에서 알아볼 것이다.

(7) 고객의 추가 니즈가 확인되면 (1)~(6)까지의 방법을 활용해 설득
   을 한다.

(8) 이 단계는 설득의 마무리 단계로, 고객으로 하여금 의사결정을
   촉구하는 것이다. 다음의 표현들을 사용하라.

"그럼 언제 배달을 해 드리는 것이 좋을까요?"
"설치 장소는요?"
"결제는 현금으로 하시겠습니까? 카드로 하시겠습니까?"
"그럼 다음에 샘플을 보시도록 언제가 좋은지요?"

영업실무자를 만나는 고객은 자신의 니즈를 알든 모르든 자신이
필요한 상황(자신이 요청해 상담하는)이 아니면 영업실무자의 상담
요청에 적극적으로 임하지 않거나 긍정적인 반응을 보이지 않는다.

그 이유는 여러 가지가 있다. 문제는 그러한 고객이 많다는 것이고 이러한 고객과의 상담을 주도적으로 이끌어 가는(영업실무자 중심이 아니 고객 중심의 상담) 영업실무자의 능력이 요구되며, 그러한 기술을 갖추어야 한다는 것이다.

능력 있는 영업실무자가 되고 인정받는 영업의 경력을 쌓기 위해서는 위에서 알아본 설득의 기술을 자신의 것으로 만드는 노력을 하기 바란다. 위의 설득 (말하기) 구조가 자연스레 말과 행동으로 나오도록 습관화시키는 것은 영업실무자 개개인의 과제이다. 영업실무자로서 화려한 언변으로 고객을 구워삶겠다는 생각을 버리고, 고객 스스로 구매결정을 하도록 설득하는 말하기 능력을 갖추는 것이 요구된다.

고객의 마음을 움직이는 설득력 있는 메시지를 만들 때 다음의 몇 가지 기법을 활용하면 설득의 가능성을 올릴 수가 있다. 즉, 고객을 설득할 때는 고객의 마음을 움직일 수 있는 메시지가 전달되어야 한다. 고객은 영업실무자의 메시지가 자신의 구매결정과 구매목표달성에 도움이 되길 바란다.

  (1) 메시지에 로망을 담아라. 고객은 자신의 구매가 자신의 삶과 인생을 풍부하게 만들어 주기를 기대한다. 고객이 달성하고 싶은 목표, 채우고 싶은 욕망, 누리고자 하는 편리함, 사회적인 인정, 준거집단의 수용 등이 고객이 가진 로망들이 있다. 영업사원은 고객의 이러한 로망을 자극할 수 있는 메시지를 전달하여야 한다.

  (2) 숫자를 활용하라. 영업실무자가 고객에게 제안하는 메시지에 신뢰를 강화하는 방법은 숫자를 활용하는 것이다. 숫자는 생각

보다 설득력이 뛰어나고 고객들이 쉽게 기억한다. 고객이 얻는 이익이나 비용감소 등의 메시지에 가능하면 숫자를 활용하면 고객이 지불하는 가격을 비용이 아니라 투자로 만들 수 있다. B2C기업들이 광고에 숫자를 활용하는 것도 고객의 마음에 브랜드를 강하게 기억시키기 위해서이다.

(3) 시대정신을 담아라. 고객의 최근 트랜드와 이슈를 영업실무자가 잘 알고 있다는 메시지를 활용한 공감대 형성이 고객에게 영업실무자의 메시지에 흥미를 갖도록 해준다. 고객의 최근의 관심사에 맞지 않는 메시지는 고객의 흥미를 끌 수 없다. 고객이 속한 준거집단과 사회활동에 가장 핫(hot)한 이슈에 대해 잘 알고 있다는 것을 알려줌으로써 영업실무자의 메시지를 살아 있는 것으로 기억시킬 수 있다.

(4) 레인메이커가 되라. 고객이 구매과정에서 기쁨을 느끼도록 하라. 영업실무자와의 대화가 유익하고 의미 있도록 하라. 고객을 심하게 몰아세우지 마라. 빨리 구매결정을 하라고 촉구하지 마라. 고객은 영업실무자에게 기쁨을 주기 위해 구매를 하는 것이 아니고, 자신이 즐거움과 기쁨, 만족감을 느끼고, 새로운 것을 경험하기 위해 구매를 한다는 사실을 잊어서는 안 된다. 고객은 자신이 필요한 것을, 자신이 필요한 때, 자신이 원하는 방식으로 구매한다.

(5) 고객을 주인공으로 만들어라. 고객을 주인공으로 만드는 방법은 고객이 구매의 가치를 100% 경험하도록 하는 것이다. 구호에 그치는 주장이 아니라 실제로 고객이 주인공이고 대접을 받는다는 느낌을 들도록 해야 한다. 고객과의 진정한 거래관계

구축은 구매 후에 시작된다. 구매 후 고객이 자신의 원하는 가치를 경험한다면 고객은 만족할 뿐만 아니라, 충성도를 보이면서 영업실무자를 적극적으로 도와준다.

(6) 시간, 공간에 갇히지 마라. 고객과의 커뮤니케이션 기회를 확장해야 한다. 고객에게 제품과 서비스의 가치를 알리는 도구를 확장하라. 최근 대세인 SNS기술은 고객과 소통할 수 있는 더 많은 기회를 제공해 준다. 말로 표현할 수 없거나, 알릴 수 없는 가치를 SNS기술을 활용하면 쉽게, 재미있게 그리고 광범위하게 알릴 수 있다.

(7) 의외성으로 감동을 주라. 기대하지 않았거나, 기대 이상의 경험은 사람들의 마음에 오래 기억이 된다. 외국의 항공사(Schiphol & KLM)는 승객들이 비행기에 탑승하기 전에 탑승객 헤어진 친구, 가족, 연인들에게 의자커버에 메시지를 쓰게 한 후 그 의자커버를 탑승객들의 자리에 붙여주는 이벤트를 통해 탑승객에게 의외의 감동을 주었다. 고객이 기업과 영업실무자와 만나는 접점에서 예상하지 못한 경험을 제공해 줌으로써 고객의 마음에 한 자리를 차지할 수 있다. 고객이 구매 후에 가치를 제대로 누릴 수 있는 팁(tip)을 제공하는 것도 좋은 방법이 된다.

(8) 고객의 고정관념을 바꿔라. 고객들은 자신의 경험과 지식을 기반으로 특정 기업, 특정 브랜드 그리고 영업실무자에 대한 고정관념을 갖고 있다. 영업실무자의 왕성한 영업활동이 고객들에게 불편을 주어 영업실무자에 대한 선입견, 고정관념을 만든다. 이 고정관념이 긍정적인 것이라면 괜찮지만, 만일 부정적인 고정관념을 갖고 있다면 이를 바꾸지 않으면 거래관계를 맺는 데

어려움을 겪게 된다. 고객이 가진 고정관념을 바꾸기 위해서는 상당한 노력을 해야 한다. 행동으로 증명해 주고, 일관성 있는 메시지와 행동으로 보여 주며 모든 약속이 지켜지게 함으로써 고정관념을 바꿀 수 있다.

(9) 스토리로 승부하라. 이야기로 메시지를 전달하라. 이야기는 상황, 주인공, 사건, 행동, 결과로 구성이 된다. 이야기는 쉽게 기억이 되고 오래 기억이 된다. 이야기는 대화를 즐겁게 한다. 이야기는 고객의 감성에 자극을 준다. 이야기는 고객이 얻는 이익과 누리는 혜택을 상상하게 만든다. 혜택과 이익을 상상한 고객은 행동을 이끌어 내기가 쉽다.

1. 설득은 상호 이익을 추구하는 방법으로 시도 되어야 한다.
2. 설득을 잘 하기 위해서는 고객의 동기를 파악해 충족해 주어야 한다.
3. 설득력을 강화하기 위해서는 고객에게 확신을 주어야 한다. 근거자료, 사례 등을 통해 고객이 확신을 갖도록 하게 한다.
4. 고객이 영업실무자의 메시지에 대해 이해와 신뢰를 갖지 못하면 절대로 설득당하지 않는다.
5. 고객은 다양한 심리적인 설득 기재를 갖고 있다. 이를 영업상담에 적극적으로 활용하도록 하라.
6. 고객을 설득하기 위해 제안한 모든 약속들은 철저히 지켜져야 한다.
7. 지킬 수 없는 약속으로 고객을 꼬시려는 시도는 장기적으로 역효과가 난다.
8. 어떤 메시지든 영업실무자는 논리적이고 합리적으로 준비해 전달해야 한다.

효과적인 어프로치로
상담에서 성공하라

   영업실무자 최낭경, 여러 번 전화통화를 한 고객을 드디어 방문한다. 전화상으로는 큰 어려움 없이 기본적인 소개와 대화를 하였지만 본격적인 상담을 위한 만남은 처음이다. 약간의 긴장감을 갖고 고객을 방문한다.

   최낭경: 안녕하세요. 전화로 인사 드린 ○○기업 최낭경입니다.
   고객: 예! 그런데 무슨 일이십니까?

   최낭경은 당황스럽다. 분명 여러 번 통화했기 때문에 자신의 방문 목적을 알 거라 생각했기 때문이다.

   최낭경: 예…… 이번에 새로운 제품이 출시되어 소개를 드리고자
            왔습니다.
   고객: 그래요? 그 제품이라면 아직 생각이 없는데요.
   최낭경: 그러지 말고 잠시만 시간을 내어 설명을 들어 보시면, 이
            번 제품은~한 성능과 기능으로 아주 새로운 제품입니다.

그리고……

고객: 그 설명을 다 들을 시간이 없군요. 당장 필요한 것도 아니고,
　　　나중에 다시 듣지요.

최낭경은 어쩔 수 없이 다시 방문하겠다고 하면서 자리에서 일어
선다.

영업실무자는 어떠한 고객과 상담을 하든 고객의 마음을 열고 영
업실무자와의 상담에 흥미를 갖도록 하는 능력이 필요하다. 고객이
영업실무자를 찾아온 경우에도 역시 고객이 기꺼이 자신이 필요와
요구를 이야기하도록 하고 구매를 결정하도록 하는 대화기법이 요구
된다. 어떠한 상황이든 고객은 영업실무자와의 상담에 어느 정도는
부담(잘못된 선택의 우려, 영업실무자의 무리한 판매의도 등)을 느낀
다. 특히 영업실무자가 고객을 방문(고객의 요청에 의한 방문이 아니
고, 영업실무자의 일방적인 상담을 안 한 방문)한 경우에는 더욱 그
렇다.

이번 장에서는 영업실무자가 고객에게 접근하고 고객의 마음을 여
는 데 요구되는 다양한 방법과 스킬에 대해 알아보도록 한다.

1. 영업상담의 준비-어젠다

고객과의 상담 시작은 상담 어젠다를 작성하는 것에서 시작된다.
상담 어젠다는 영업실무자가 상담을 위해 고객을 방문하기 전, 고객

의 상황과 정보를 파악한 후 고객의 니즈와 필요를 추론하고, 고객에게 제안하거나 제시할 자료를 정리 및 준비하며, 상담의 목적을 설정하고, 그 목적 달성을 위해 어떻게 상담을 전개할 것인지에 대한 상담 프로세스를 정리한 전체적인 상담 청사진을 의미한다.

상담 어젠다를 작성해야 하는 이유는 고객에 대한 이해의 수준을 확인 및 정리하고, 영업성과의 달성 가능성을 높이기 위해서이다. 따라서 영업실무자는 수집한 고객에 대한 정보를 바탕으로 고객의 니즈를 추론하고 상담의 목적 달성을 위한 전술(구체적인 영업활동 및 상담시나리오 준비) 개발을 위해도 상담 어젠다는 반드시 필요하다. 이 상담 어젠다에 포함되어야 하는 내용으로는

- 오늘 방문하는 고객은 누구이고, 고객의 현재 상황은 어떠한가?
- 오늘 방문의 목적은 무엇인가?
- 고객의 어떤 문제와 니즈를 영업의 기회로 인식할 것인가?
- 무엇을 파악할 것인가?
- 어떤 질문을 던질 것인가?
- 무엇을 확인할 것인가?
- 어떤 자료를 준비할 것인가?
- 어떤 공통점이나 접촉이 유용한가?
- 오늘 어떤 약속(상담의 목적)을 받아 낼 것인가?
- 처음에 무엇을 말할 것인가 등을 정리하는 것이다.

그리고, 상담을 마친 후 영업상담의 성과를 점검하기 위해서도 상담 어젠다는 중요하다.

다음의 표를 참고하여 성공적인 상담을 위한 자신의 어젠다를 개발해 활용하기 바란다. <표 2-3>은 영업실무자가 고객을 방문하기 전 영업상담을 준비할 때 사용하는 상담 어젠다이다. 고객의 상황과 미팅의 주제는 고객 중심으로 정리하고 어떻게 상담을 이끌어 갈 것인지 상담 프로세스를 정해야 한다.

〈표 2-3〉 상담 어젠다

고객	성명:	연락처:
방문 약속	일시:	장소:
고객의 상황 (고객정보, 니즈추론)		
미팅 주제		
준비사항, 자료		
미팅 진행 내용	오픈마인드를 위한 Small talk: 공감대 형성과 신뢰구축 멘트: 파악할 정보와 질문: 설득구조:	
목적(약속 등)		
기타		

위의 어젠다를 여러 번 작성해 활용하다 보면 자연스레 모든 구조가 기억되고 고객과의 상담준비를 자연스레 할 수 있다. 고객이 영업실무자를 찾아온 경우에도 어떻게 상담을 전개할 것인가의 구조도 개발해 활용할 수 있을 것이다. 이 어젠다에 대해서는 뒤에서 알아보도록 한다.

또 하나 상담 어젠다의 활용은 고객과 상담 약속을 정한 후 고객에게 발송하는 고객 공유용 어젠다가 있다. 고객은 영업실무자가 보내온 어젠다를 통해 영업실무자와의 상담에서 자신이 해결할 수 있는 문제와 얻을 수 있는 이익을 예상해 효과적인 상담을 위한 상담을 준비할 수 있기 때문이다.

〈표 2-4〉 공유 어젠다

소개 – 영업실무자	회사명: 이름: 연락처:		
방문 약속	일시:		장소:
미팅 주제 (고객이 얻는 이익)			
미팅 진행 내용			
요청/준비사항			
기타			

<표 2-4>는 고객에게 발송하는 공유 어젠다로 영업실무자에 대한 기본적인 사항을 소개하도록 한다. 고객이 필요할 때 연락을 취할 수 있도록, 그리고 고객이 얻는 이익과 고객이 준비할 사항을 명확하게 요청해 상담을 고객이 준비하도록 하면 상담의 효과가 올라갈 것이다. 최근에는 이메일 혹은 휴대폰의 문자메시지 기능을 활용해 간단한 어젠다를 발송할 수 있을 것이다.

2. 초기접근

초기접근은 영업실무자가 고객과 처음 접촉해 커뮤니케이션을 전개하는 순간을 말한다. 초기접근을 통해 상담의 기회를 확보하고 고객의 흥미를 끌어내는 것이 목적이다. 이를 위해서는 고객이 영업실무자와의 커뮤니케이션이 자신에게 도움이 된다는 확신을 갖도록 해야 한다. 그리고 고객으로 하여금 영업실무자가 제안하는 영업활동의 단계(상담을 위한 방문, 제안서 제출, 샘플 사용의 기회 등)에 대한 저항과 거절을 극복하는 것이 목적이다. 이 초기접근의 실행수준이 이후 영업활동 전개에도 큰 영향을 미친다.

초기접근의 도구로는 전화를 통해 고객과의 상담 약속을 잡거나 자료를 보낼 것을 허락받는 것과, 이메일을 통한 커뮤니케이션이 가장 흔히 사용하는 도구이다. 팩스를 사용하기도 하고 음성메일이나, 우편물 등을 초기접근의 도구로 활용한다. 여기서는 전화를 통해 상담 약속을 잡는 커뮤니케이션 구조와 이메일의 구조에 대해 알아보도록 한다.

1) Cold Call

영업실무자가 타깃고객에게 영업활동 전개를 위한 상담 약속을 잡거나, 검토를 요하는 자료를 보내기 위해 우선적으로 할 활동은 고객의 허락을 받는 것이다. 이 목적을 달성하기 위해 처음으로 전화를 통해 고객과 상담약속을 잡는 영업활동을 Cold Call이라고 한다. 영업실무자가 넘어야 하는 첫 관문이자 도전이며 장애물이다. 여기서 목적(상담 약속 잡기, 자료 보내기 허락 등) 달성에 실패한다면 그다음의 영업활동은 어려움을 겪을 것이다. 반대로 효과적인 Cold Call은 영업의 기회를 더 많이 확보하게 해 준다. 이 활동을 Cold Call이라고 부르는 이유는 잘 알 것이다.

Cold Call의 종류는 고객에게 자료발송을 허락받는 것에서 상담을 위한 방문 약속 잡기, 약속 확인, 정보·가설에 의한 전화 걸기, 추천을 받은 고객에게 전화 걸기, 기존고객에게 추가 영업기회 확보를 위한 전화 걸기 등이 있다. 각각에 대한 Cold Call의 구조를 알아본다. 각 구조를 기초로 하여 영업실무자는 자신에 맞는 시나리오를 만들어 연습하도록 하라. 물론 이 Cold Call의 성공을 위한 가장 기본적인 자료와 내용은 제품의 지식(상품의 SPEC이 아닌 가치 중심)이다.

(1) Cold Call의 원칙

고객과 첫 커뮤니케이션은 고객에게 영업실무자의 능력(고객의 니즈를 충족시켜 줄 수 있는)과 이미지를 각인시키는 중요한 순간이다. 비록 전화를 통해 고객과 접촉하지만 고객은 영업실무자의 목소리와 메시지를 통해 영업실무자의 능력과 태도를 어느 정도는 파악할 수 있으며, 상담의 가치를 판단해 영업실무자를 만날 것인가 여부를 결정한다. 따라서 영업실무자는 고객과 전화통화를 할 때는 다음의 원칙을 지켜야 한다.

① 미소를 지어라. 비롯 얼굴을 보지 못하지만 영업실무자의 미소는 전달된다.
② 고객의 고매한 동기(고객이 얻는 이익)를 강조하고 자극하라.
③ 고객에 대한 순수한 관심을 기울여라. 작은 정보와 반응도 놓치지 마라. 그래야 고객의 역할에 맞는 메시지 전달이 가능해 진다.
④ 경청을 하라. 메모를 하고 주의 깊게 들어라. 전화통화를 하면서 영업실무자가 고객의 말을 잘 이해하지 못하면 전화는 쉽게 끊어진다.

⑤ 고객에게 전달하는 메시지는 항상 긍정적으로 표현하라.

⑥ 고객을 도우려는 열정을 가져라.

⑦ 요점을 명확히 준비해 전달한다. 너무 장황한 말로 고객의 시간을 빼앗지 마라. 고객은 전화기에서 멀어진다.

⑧ 정중하고 예의 바른 어법을 구사한다.

⑨ 세일즈는 숫자 게임임을 상기한다. Cold Call의 성공률을 점검하라.

⑩ '네'라는 말로 시작해서 '네'라는 말로 끝을 맺도록 한다. 고객의 긍정적인 답변은 성공 가능성을 높인다.

⑪ 간결, 명확하고 설득적인 어조로 전화한다.

⑫ 나중에 찾아볼 수 있도록 통화내용을 기록한다.

(2) 약속 잡기

고객과 상담 약속을 잡는 Cold Call은 영업상담의 출발점이다. 영업실무자는 간결하고 명확한 메시지를 고객에게 전달해야 한다. 다음이 상담약속을 잡기 위한 Cold Call의 구조이다. 이때 사례는 좀 더 실제적이고 구체적인 것(다른 고객을 예로 소개할 때는 그 고객의 이름을 사용하는 등)을 사용하는 것이 좋다. 이익 혹은 비용(구매비용 절감)과 관련된 사례들은 가급적 숫자를 언급하면서 메시지를 던지면 효과가 더 올라갈 것이다.

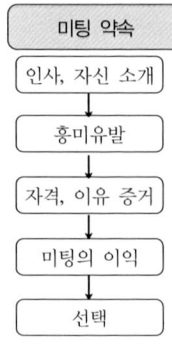

미팅 약속
인사, 자신 소개
흥미유발
자격, 이유 증거
미팅의 이익
선택

▸ 안녕하십니까. 저는 ○○○에 근무하는 ○○○입니다.

▸ 저희는 고객님들에게 ~한 이익 혹은 편리함을 제공하고 있습니다.

▸ 왜냐하면 저희 제품 혹은 서비스는 최근 고객분들의 트렌드에 맞춰 ~한 혜택을 강화하였기 때문에….

▸ 따라서 ○○○ 님께서도 위의 이익을 확인하시고 실제 이익을 보았을 때의 혜택을 직접 확인하실 수 있는 기회를 드리고자…

▸ 저는 다음 주에 화요일, 목요일 오전 10시~10시 20분과 수요일, 금요일 오후 2시~2시 20분에 시간이 가능합니다. 언제가 좋으시겠습니까?

[그림 2-5] Cold Call-상담약속 잡기

여기서 영업실무자가 알아야 하고 활용해야 하는 중요한 스킬은 상담의 시간을 정할 때 고객이 시간을 결정하게 하지 말고, 고객이 시간을 선택하도록 하는 것이 훨씬 약속을 잡을 성공률이 높다는 것이다. 근거는 앞에서도 강조하였듯이 심리적 분석의 결과로 사람들은 결정을 하기보다는 선택을 선호한다. 2~3개 정도의 선택안을 먼저 제시하면 대부분 제시된 선택안 중 하나를 고른다는 것이다. 영업실무자의 제안에 대해 고객이 선택을 하지 못할 때는 자신의 대안(다른 선택안)이 나온다. 이 대안(다른 선택안이든 고객의 거부든)을 듣고 고객의 상황과 반응을 판단할 수도 있다. 그리고 고객이 선택하도록 하기 위해서는 고객이 상담의 이익을 명확하게 인식하는 것이 전제조건이다. 고객을 위한, 고객에게 도움이 되는 상담이라는 것을 고객이 알도록 하는 것이 중요하다. 그리고 이 Cold Call의 목적은 상담 약속을 잡는 것이다. 너무 장황한 이야기로 고객을 설득(구매하도록 혹은 판매하도록 하는)하려 하지 마라. 고객이 영업실무자의 상담 요청을 허락하도록 하는 것이 목적임을 명심하라.

(3) 전화 마무리

상담 약속을 잡은 후 곧바로 전화를 끊는 것보다 다시 상담의 가치를 인식시키고, 필요하다면 앞에서 준비한 고객과의 공유 어젠다를 발송할 기회를 잡는 것이 중요하다. 몇 가지 사전자료를 보내기 위해 이메일을 확인하라. 이때 보낼 자료로는 공유 어젠다와 고객이 얻을 수 있는 상담의 이익 중 구체적인 사례를 보내도록 하라. 상품 설명 중심의 제안서는 절대 보내지 마라. 공유 어젠다와 사례를 보내는 것은 고객이 상담을 기억하고 준비하도록 하는 좋은 방법이다.

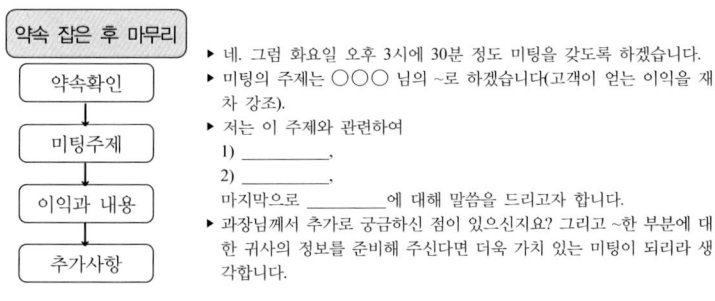

[그림 2-6] Cold Call-마무리

(4) 정보, 가설에 의한 Cold Call

영업실무자는 다양한 자료와 원천에서 가망고객을 발굴한다. 뉴스를 통해서도 가능하고, 전문잡지를 통해서도 가능하며, 사회 네트워크와 모임을 통해서도 가능하다. 이 정보를 통해 고객의 니즈를 추론하고 가설 수립을 한 후 고객에게 상담을 신청하는 Cold Call을 한다. 아래의 구조를 적극 활용하라.

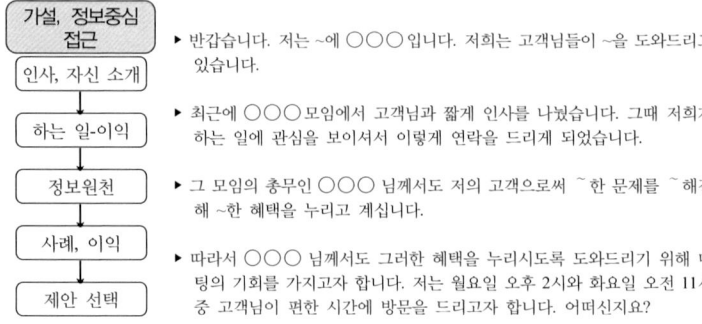

에 나타난 다이어그램 내용:

가설, 정보중심
접근

인사, 자신 소개 ▸ 반갑습니다. 저는 ~에 ○○○입니다. 저희는 고객님들이 ~을 도와드리고 있습니다.

하는 일-이익 ▸ 최근에 ○○○모임에서 고객님과 짧게 인사를 나눴습니다. 그때 저희가 하는 일에 관심을 보이셔서 이렇게 연락을 드리게 되었습니다.

정보원천 ▸ 그 모임의 총무인 ○○○ 님께서도 저의 고객으로써 ˜한 문제를 ˜해결해 ~한 혜택을 누리고 계십니다.

사례, 이익 ▸ 따라서 ○○○ 님께서도 그러한 혜택을 누리시도록 도와드리기 위해 미팅의 기회를 가지고자 합니다. 저는 월요일 오후 2시와 화요일 오전 11시 중 고객님이 편한 시간에 방문을 드리고자 합니다. 어떠신지요?

제안 선택

[그림 2-7] Cold Call-정보/가설중심 약속 잡기

어디서 어떻게 고객을 알게 되었는지를 구체적인 상황을 먼저 이야기하는 것이 좋다. 그래야 고객 또한 그 상황을 기억할 수 있기 때문이다. 이 상황이 고객의 거부 또는 거절의 강도를 약하게 만드는데 영향을 미칠 수 있다.

(5) 추천을 받은 후 Cold Call

영업활동에 있어서 기존고객으로부터 추천을 받은 고객은 매우 가치 있는 가망고객이 된다. 물론 추천받았다고 그 고객이 구매한다는 보장은 없지만, 추천자의 영향력에 의해 좋은 영업의 기회가 되는 것은 사실이다. 추천받은 고객에게는 다음의 구조로 접근하라. 기억할 것은 추천자가 누구인지? 왜 추천을 하였는지에 대해 구체적인 사실을 밝혀야 한다.

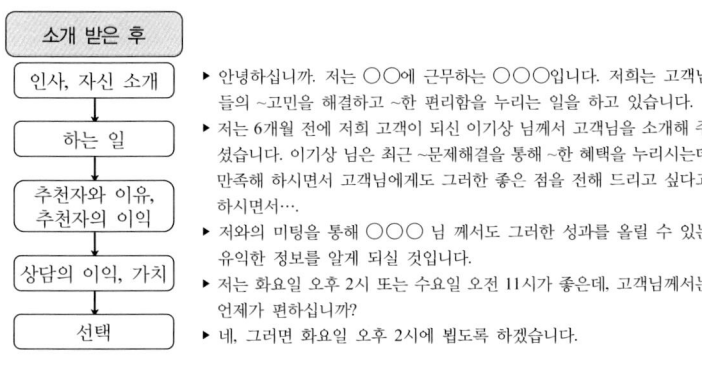

| 소개 받은 후 | ▶ 안녕하십니까. 저는 ○○에 근무하는 ○○○입니다. 저희는 고객님 |

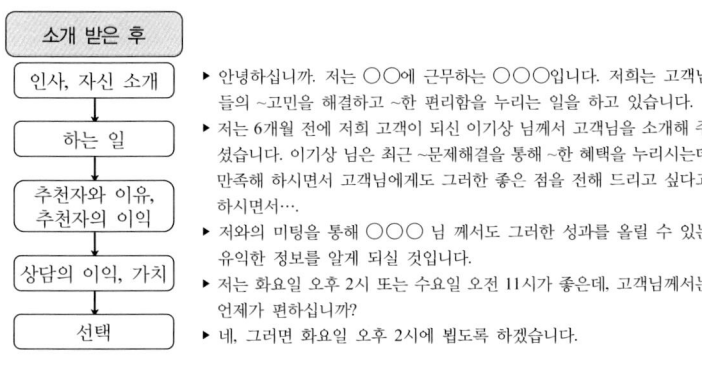

[그림 2-8] Cold Call-추천받은 고객 상담약속 잡기

기존 고객으로부터 추천받을 때는 항상 추천의 이유를 묻도록 하라. 그 가망고객에게 전화를 걸 때 추천자를 언급해도 좋은지 물어라. 추천한 고객에게 보여 줄 수 있는 사례(사진, 성과표, 추천서 등)도 요청하라. 가능하다면 그 자리에서 영업실무자를 소개하는 전화를 한 통 하게 부탁하라. 추천받은 고객의 질(영업가능성)을 높이기 위해서 필요한 조치이다.

그리고 그 후 추천받은 고객과의 상담 내용과 결과에 대해서도 추천한 고객에게 알리도록 하라. 필요하다면 고객이 도움을 주려고도 할 것이고, 또 과감히 도움을 요청할 수도 있다. 추천을 받는 요령에 대해서는 B2C영업 시리즈 2에서 자세히 알아볼 것이다.

(6) 기존고객에게 추가 판매를 위한 Cold Call

영업실무자들은 기존고객과의 관계를 잘 맺고 유지해야 한다. 기존고객을 통해 더 많은 영업의 성과(확대판매, 교차판매, 업셀링 등) 달성이 가능하기 때문이다. 따라서 새로운 영업(신상품의 가치를 제안하기 위한)을 위한 접근을 할 때는 정중하고 신중한 방법으로 접근해야 한다. 기존고객이라고 하더라도 갑자기 새로운 상품에 대한 제안을 해 고객을 당황하게 만들어서는 안 된다. 기존고객에게 새로운 제안을 하기 위해서는 항상 상담 약속을 미리 잡고 고객이 준비할 수 있는 시간을 주도록 하라. 아래의 구조를 활용하도록 하라.

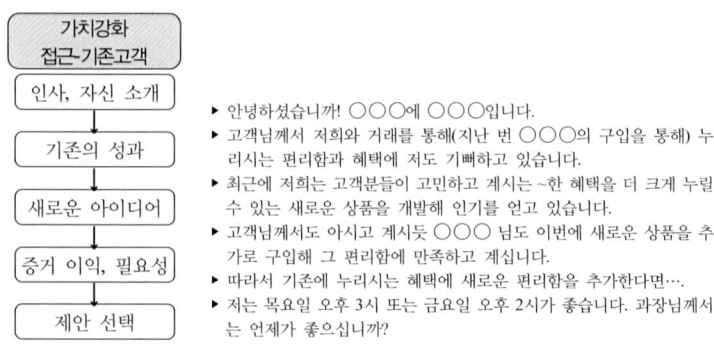

[그림 2-9] Cold Call-기존고객 상담약속 잡기

위에서 알아본 Cold Call의 기술은 영업실무자의 영업 기회를 확장시켜 줄 것이다. 많은 영업실무자들이 갖고 있는 고민 중 하나가 고객과 상담의 기회를 확보하지 못하는 것이다. 그리고 Cold Call은 그 횟수도 중요하지만 성공률 또한 매우 중요하다. 자신의 Cold Call의 시도 횟수와 성공 횟수를 기록해 스스로 성공률을 점검하는 것도 매우 중요하다. 아래의 그림이 스스로 점검할 수 있는 점검표이다.

<표 2-5> Cold Call 성과점검표

	Totals
Numbers Dialed: 卌 卌 卌 卌 II	22
Leads Contacted: 卌 卌 III	13
Meetings Scheduled: 卌	5

Time Started	Time Finished	Numbers Dialed/Hr.	Leads Contacted/Hr.	Meetings Scheduled/Hr.
9:00	11:00	11	6.5	2.5

다음의 시트에 자사와 자신에 맞는 Cold Call 시나리오를 만들도록 하라. 여러 번의 시도를 통해 가장 효과적인 시나리오를 영업의 툴로 개발해 활용하면 좋다.

<표 2-6> Cold Call 시나리오

상황	구조
자료발송 가능성 파악	인사: 흥미 유발(일반적 이익): 자료발송 제안과 연락방법(이 메일 주소 등) 확인: 다음 단계 제안:
약속 잡기	인사·소개: 흥미 유발: 자격·이유·증거: 미팅의 이익: 약속시간 제안·선택:
약속 마무리	약속 확인: 미팅 주제: 이익과 내용: 추가사항:

추천고객	인사 · 소개: 하는 일: 추천자와 이익: 상담의 이익 · 가치: 약속시간 제안 · 선택:
정보, 가설 중심	인사 · 소개: 하는 일: 정보의 원천: 사례 · 이익: 약속시간 제안 · 선택:
기존고객	인사: 기존의 성과: 새로운 아이디어: 증거 · 이익 · 필요성: 약속시간 제안 · 선택:

2) E-Mail

이메일은 오늘날과 미래에 있어 중요한 고객과의 커뮤니케이션 수
단이다. 개인고객의 경우 이메일은 아주 유용한 커뮤니케이션 수단이
다. 따라서 영업실무자는 이메일을 통한 고객과의 효과적인 커뮤니케
이션에 능통해야 한다. 하지만 고객에게 발송하는 많은 이메일의 내
용을 보면 대부분 영업실무자 중심의 메시지이다. 그 결과는 삭제
(delete)를 당하거나 스팸으로 처리된다.

통상적인 이 메일의 메시지는 "전화 통화를 한~에 ○○○입니다.
자료를 첨부하오니 검토를 바랍니다. 혹은 요청하신 자료를 보내드립
니다. 저희 상품에 대한 제안서를 보내드립니다" 등이다. 그리고 첨
부된 파일은 고객 맞춤 제안서라기보다는 많은 정보 더미인 제품설
명서이다. 이러한 이메일들은 고객의 확인도 받지 못하고 삭제되는
경우가 대부분이다.

이메일을 중요한 영업 커뮤니케이션의 수단으로 사용하고자 한다면 아래의 구조를 활용하도록 하라.

<표 2-7> 이메일 구조

제목	고객이 얻는 이익을 제목으로 작성하라
소속	저는 ○○기업의 영업실무자 ○○○입니다
하는 일: 문제해결, 가치 중심	저희는 고객님의 미래생활 안정과 재테크를 도와드리고······ 저희는~한 고객분들의~문제해결을 도와드리고······
사례: 구체적 이익과 해결한 문제, 연락처 등	최근 ○○○ 고객님들이 저희와 비즈니스를 통해 투자 수익을 10% 향상······ 이유는 저희는~한 문제까지도~해결해 드리기 때문에······
상담을 통해 얻는 이익	저희와의 비즈니스를 통해 귀하께서도~문제해결로~한 이익을 누리시는데······
비즈니스 방법 - 영업단계	저희는 고객에 맞는 제안을 제공하는 것이······ 따라서 귀하의 현 상황을 파악하고자 1차 방문을······ 그 후 제안서를 제공해 드리고 필요하다면 샘플, 시연, 프레젠테이션 등의 과정을 거쳐······
요구하는 행동	첨부한 자료에는~한 내용이······ 검토를 부탁드리고 다음 주 ○요일에 방문을 하고자 약속을 확인······

고객과 이메일을 통한 커뮤니케이션을 할 때는 휴대폰을 통한 메시지 알림기능(메시지 발송을 확인해 주는)도 함께 활용하면 좋다.

3. 상담 프로세스

영업실무자가 고객을 만나 상담할 때 알아야 하는 기억하고 활용해야 하는 핵심은 상담은 영업실무자가 주도적으로 이끌어 가되 상담 중 말은 고객이 많이 하도록 해야 한다는 것이다. 특히 고객과 첫 미팅을 할 때는 더욱 이 사실을 잊어서는 안 된다. 하지만 많은 영업실무자들은 자신이 준비한 상담(세일즈 톡) 메시지를 먼저, 그리고 일방적으로 전하고자 하는 욕구를 갖고 있다. 그리고 그것으로 영업상담을 잘 수행했다고 생각한다. 고객과 얼마 동안 상담을 했다는 것이 중요한 것이 아니라, 상담 후 고객이 영업실무자와 영업실무자의 제안을 어떻게 기억하는가가 중요하다. 영업실무자의 활동은 걸어 다니는 카탈로그(walking broacher)가 되어서는 안 된다. 고객은 이러한 영업실무자와의 상담을 처음부터 저항하거나 영업실무자의 제안을 제대로 기억하지 못하는 것이 문제다. 그리고 이러한 고객의 부정적인 반응을 지혜롭게 극복하는 스킬이 대부분의 영업실무자에게 요구된다. 이를 위해 고객이 상담에 집중하도록 하면서, 상담 전체를 이끌어 갈 수 있는 지도가 필요하다. 이 지도를 상담 프로세스라고 한다. 그리고 각 영업상담 프로세스를 이끌어가는 세부내용과 고객의 반응을 예측하고 적절한 대응화법을 준비한 것이 영업 시나리오이다.

우선 고객을 방문한 영업실무자가 상담을 이끌어 가는 프로세스와 각 프로세스를 수행하는 기법과 지식인 상담 프로세스에 대해 알아보도록 한다.

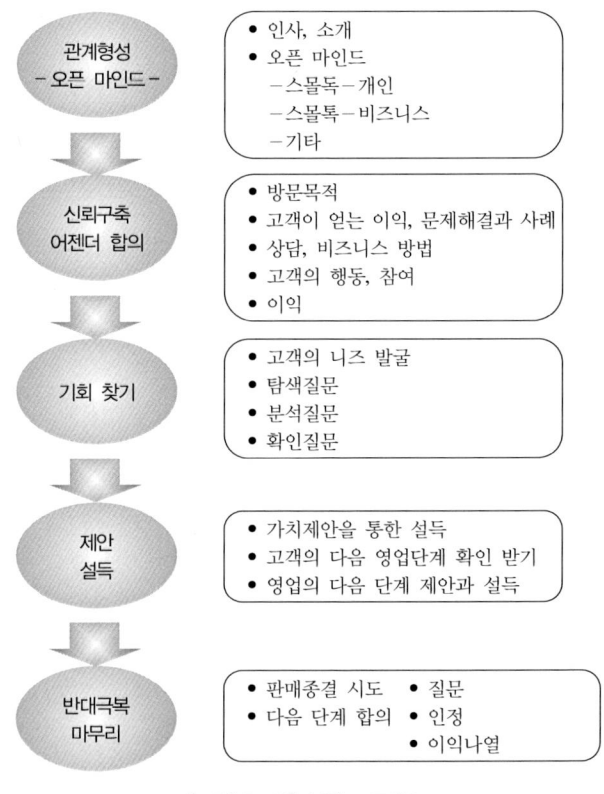

관계형성
－오픈 마인드－
- 인사, 소개
- 오픈 마인드
  －스몰톡－개인
  －스몰톡－비즈니스
  －기타

신뢰구축
어젠더 합의
- 방문목적
- 고객이 얻는 이익, 문제해결과 사례
- 상담, 비즈니스 방법
- 고객의 행동, 참여
- 이익

기회 찾기
- 고객의 니즈 발굴
- 탐색질문
- 분석질문
- 확인질문

제안
설득
- 가치제안을 통한 설득
- 고객의 다음 영업단계 확인 받기
- 영업의 다음 단계 제안과 설득

반대극복
마무리
- 판매종결 시도   · 질문
- 다음 단계 합의   · 인정
                · 이익나열

[그림 2-10] 상담 프로세스

위 [그림 2-10]의 친밀감 형성~마무리의 단계가 고객을 방문한 영
업실무자가 활용할 상담 프로세스이다. 이 상담 프로세스는 고객과
만날 때 마다 가급적 모두 수행해야 한다. 이유는 이 상담 프로세스
를 효과적으로 수행해야 고객의 니즈를 파악하고 고객에 맞는 영업
도구들을 준비해 다음의 영업활동을 기획할 수 있기 때문이다. 그리
고 고객 또한 영업실무자의 제안이 자신에게 얼마나 도움이 되고 이
익이 되는지(문제해결과 이익)를 명확히 인식해야 영업실무자와의

거래를 위한 다음 미팅제안을 허락하거나 영업실무자의 제안을 수용할 것이기 때문이다.

위 프로세스 중 기회 찾기에 대해서는 B2C영업 시리즈 2에서 알아보고, 설득 대해서는 2장에서 알아보았다. 이번 장에서는 친밀감 형성, 신뢰 구축 그리고 마무리(의사결정 촉구) 기법에 대해 알아보도록 한다. 반대 및 거절 극복은 B2C영업 시리즈 3에서 자세하게 알아볼 것이다.

1) 오픈 마인드와 신뢰구축

오픈 마인드와 신뢰구축은 영업상담의 출발점이자 고객이 상담에 적극적으로 임하도록 하는 영업실무자의 기본적인 커뮤니케이션 기술이다. 이 단계에서 영업실무자는 자신의 인간적인 매력과 비즈니스 전문가로서의 역량을 보여 주어야 한다.

(1) 오픈 마인드

새로운 고객을 선정한 후 여러 차례의 접촉(Cold Call, 이메일 등)을 한 고객을 드디어 방문한다. 영업실무자는 고객에게 좋은 이미지를 주고 충분한 시간을 확보해 상담을 진행하고 싶다. 그리고 영업실무자의 로망대로 빨리 계약을 받고 싶어 한다. 하지만 고객을 만났다고 해서 곧바로 상품을 설명하면서 고객의 구매를 촉구하면 고객을 설득할 수 없을 뿐 아니라 오히려 고객의 저항을 유발하게 된다.

영업실무자가 우선적으로 해야 하는 일은 고객의 마음을 열어야 하고, 고객과 공감대도 형성하고, 고객의 성격(주도형, 사교형, 신중형, 안정형)을 파악하는 것이다. 고객의 구매 스타일과 패턴도 파악해야 한다. 더 나아가 고객의 오늘 기분 및 구매에 대한 준비상황에 대해서도 알아야 한다. 이를 위해시는 싱담의 흐름을 부드럽게 진행해 고객이 영업실무자의 제안에 대한 저항을 최소로 만들어야 한다. 따라서 영업실무자는 가장 먼저 고객이 편안한 마음으로 대화에 임하도록 분위기를 잘 만들어야 한다. 이를 위해 영업실무자는 고객을 방문할 때 간단한 대화의 소재를 몇 개 준비해 가는 것이 필요하다. 이를 우리는 Small Talk라고 한다. 이 대화소재의 준비 정도가 고객과의 상담의 첫 문을 여는 데 중요한 역할을 한다. 고객 또한 자신을 방문한 영업실무자가 인간적인 호감과 비즈니스 능력을 갖추었기를 바란다. 고객은 이것을 영업실무자의 상담을 이끄는 능력을 보고 판단한다.

이를 위해서 다음의 소재들을 준비해 가도록 하라.

① Small Talk 1-개인적인 대화 소재
개인적인 대화의 소재는 다음과 같다.
· 취미, 영화, 드라마
· 여행
· 가족관계
· 고객의 이미지
· 고향
· 성취한 것
· 날씨
· 음식
· 휴가
· 좋아하는 스포츠

- 여가활동 등의 소재로 상담의 첫 문을 열도록 하라. 이 개인적인 주제로 대화를 시작할 때는 항상 영업실무자 자신의 개인적인 이야기를 먼저 오픈해야 한다. 즉, 고객에게 일방적인 질문(고향은? 사는 곳은? 등)을 하기 전에 먼저 자신의 정보(저는 고향이 ○○인데, 고향은 어디신지요? 등)를 먼저 오픈하고 고객의 정보를 듣도록 하라. 이 대화를 통해 일치하는 소재(같은 취미 등)가 있으면 이 이야기만으로도 공감대를 형성할 수 있다. 고객의 성격에 따라 이러한 소재에 대한 이야기를 꺼리는 경우도 있다. 영업실무자는 한 두 가지로 대화를 시도해 보고 이것을 판단해 적절하게 대응(비즈니스 소재로 넘어가거나, 상담의 신뢰 구축으로 들어가는)할 수 있어야 한다.

② Small Talk 2-가치중심의 대화 소재

다음으로 영업실무자가 활용할 수 있는 대화의 소재는 고객의 일상생활의 상황과 트랜드, 제품과 서비스가 제공하는 가치와 관계된 정보들이다. 신문이나 인터넷을 통해 수집한 이러한 정보를 수집할 수 있을 것이다. 이러한 정보를 고객과 공유함으로써 영업실무자가 고객의 상황과 고객군의 최근 유행 및 트렌드에 대해 관심을 갖고 있고 준비된 전문가라는 인식을 심어 줄 수 있다. 이때 활용할 수 있는 정보는 다음과 같다.
- 고객의 현 상황과 핫 이슈
- 고객군의 트렌드와 유행
- 기술적인 혁신과 통합고 영향
- 시장의 변화와 트렌드

- 금융흐름
- 정책 변화와 같은 거시적인 환경정보
- 영업실무자가 만나는 고객이 비즈니스에 종사하는 개인고객이라면 고객의 비즈니스에 대한 정보(경쟁사, 기술혁신, 대체재, 거시환경의 변화 등)를 수집해 활용하는 것이 좋다.
- 법규(PL법, 탄소규제 등) 변화 등의 정보들이 있을 것이다. 이러한 정보를 스크랩해서 고객에게 제공하는 것도 좋은 방법이다.

③ Small Talk 3-기타 상황적인 대화 소재

기타 영업실무자가 고객과 본격적인 상담을 하기 전 고객의 마음을 여는 대화 소재는 고객의 주변에 있다. 관심을 갖고 찾으려는 노력을 하면 기대 이상의 소재들이 있음을 알게 될 것이다. 이러한 소재는 다음과 같다.

- 고객의 책상 혹은 거실에 있는 가족사진
- 고객의 주변에 있는 상장과 트로피
- 고객의 취미를 알려 주는 상징물(골프클럽, 테니스 라켓 등)
- 고객 거실에 있는 책
- 사무실 혹은 거주지의 위치와 전망
- 가족이 있다면 가족 이야기, 특히 아이들에 대해 관심표명
- 가구 및 인테리어 등도 고객의 마음을 여는 좋은 대화의 소재이다. 너무 과장하지 않도록 주의하면서 순수한 관심을 갖고 이러한 소재를 활용해 대화를 시작하도록 하라.

영업실무자는 위의 오픈 마인드 소재로 대화를 이끌어 갈 때는 다

음과 같이 대화를 이끌어야 한다.

- 먼저 마음을 연다.
- 간단하고 쉬운 주제로 다가간다.
- 고객의 이야기를 끊거나 단정하지 말고 관심을 보이면서 구체적인 이야기로 들어갈 수 있도록 한다.
- 주변에 있는 소재를 중심으로 다가간다.
- 미소 짓고 공감하면서 다가간다.
- 순수한 관심을 보이고 귀를 기울인다.
- 어떠한 상황과 대화 소재에 대해서도 비난, 비평, 불평의 메시지는 자제한다.
- 고객의 이름을 자주 부른다.
- 고객의 말을 온몸으로 경청한다.
- 항상 고객이 소중하다는 느낌을 전할 수 있어야 한다.

이러한 오픈 마인드의 시간(3~5분)을 항상 갖도록 하라. 이 정도의 시간을 할애한다면 고객의 기분이나 성격 등을 파악하는 데 충분할 것이고 상담을 부드럽게 진행할 수 있는 출발점이 될 것이다. 몇몇 영업실무자들은 자신과 고객의 나이 차이로 인해서 발생하는 대화의 어려움을 호소한다. 이러한 어려움의 원인은 영업실무자는 자신이 관심 있는 소재로 대화를 전개하려 하기 때문이다. 고객은 영업실무자의 개인적인 관심사에는 관심이 없다. 사람들은 타인의 고통보다는 자신의 손톱에 박힌 가시를 더 고통스러워 한다. 고객과의 첫 미팅에서 효과적인 오픈마인드를 위해서는 고객이 처한 상황(개인적

상황, 업무적 상황 등)에 맞는 대화 소재를 중심으로 대화를 이끌어
갈 수 있어야 한다.

(2) 신뢰 구축

고객과의 오픈 마인드를 위한 대화의 시간이 어느 정도 흐르면 영
업실무자는 상담을 본격적으로 전개해야 한다. 고객과 계속 오픈 마
인드의 소재만으로 대화할 수는 없기 때문이다. 고객 또한 일정한 시
간이 지나면 영업실무자의 제안 및 방문목적을 듣고자 한다. 고객이
오픈 마인드의 소재와 관련된 대화를 통해 분위기가 우호적으로 바
뀌거나, 고객이 오픈 마인드에 약간 소극적인 반응을 보이면 곧바로
신뢰 구축의 단계로 들어가야 한다.

이 신뢰 구축의 목적은 상담의 전체적은 흐름과 방법을 알려 주고
상담 시간을 확보하는 것이다. 고객이 상담에 임해야 하는 이유, 고객
이 상담을 통해 얻을 수 있는 이익 등이 신뢰 구축의 기본 내용이다.
신뢰 구축의 커뮤니케이션 구조는 다음과 같다.

〈표 2-8〉 신뢰 구축의 구조

단 계	내 용
방문목적	방문의 목적을 고객이 얻는 이익(가치개발) 중심으로 이야기한다. → 오늘 방문·상담의 목적은 귀하의~한 이익을 보여드리고자 왔습니다.
필요성, 배경	고객의 상황과 배경, 환경변화, 고객의 목표 등을 상담의 목적과 연결한다. → 최근의 트렌드는…… 따라서 저희 서비스가 알맞습니다.
사례와 근거	상담의 목적을 이미 달성한 다른 고객, 사례들을 실제 자료와 함께 제시한다. → 간단하게, 흥미를 끄는 수준으로만 → 이 자료를 보시면 고객님과 비슷한 라이프스타일을 가진……
상담의 이익	상담을 통해 고객이 얻는 이익을 강조한다. → 따라서 오늘 상담을 통해 귀하께서도……

상담 전개 순서	상담이 시간, 방법, 흐름 등을 이야기하면서 전체적인 상담 프로세스를 알린다. → 오늘 상담은 총 20분 정도의 시간이 소요될 것으로 예상합니다. 그리고 중 간에 직접 사용해 볼 수 있는 시간을 드릴 거예요.
합의	고객의 다른 요청사항이 있는지 확인하고 상담의 진행을 약속받는다. → 어떠신지요? 특별한 요청사항이 없으시면 우선 몇 가지 확인해보겠습니다.

　신뢰 구축이 필요한 이유는 영업실무자와의 상담이 고객을 위한 것임을 알리고 고객이 상담에 적극적으로 임하고자 하는 마음을 갖도록 하기 위해서이다. 그리고 위의 신뢰 구축 순서는 얼마든지 바뀔 수 있다. 고객에게 사례를 먼저 보여 주어 고객의 반응을 살핀 후 상담의 목적과 방법 등을 이야기해도 좋다.

　고객이 신뢰하는 영업실무자는 다음의 것들을 갖추고 주요 메시지로 전한다.

- 전문성을 보여 준다: 고객의 상황과 입장을 이해하고 고객이 가진 니즈를 충족하고, 목표달성을 도와줄 수 있는 능력을 강조한다.
- 이미지를 각인시킨다: 전문가라는 이미지를 각인시켜 줄 수 있도록 준비하라. 복장에서 가방까지 너무 자유분방한 이미지는 자제한다.
- 고객에 대한 헌신하고자 하는 마음을 갖는다: 이것은 고객이 원하는 것(가격할인 등 거래조건)을 모두 수용해 주는 것이 아니라 고객을 진정으로 돕고 싶다는 마음을 갖는 것이다. 솔루션의 가치를 극대화하는 방법이다. 필요하다면 고객이 할 일(설치 등) 중 일부를 대신해 주는 것도 좋다.
- 고객에 대한 민감함으로 고객의 개인적이고 심리적인 요구에도 적절히 대응할 수 있어야 한다. 그리고 고객의 말, 행동 이면의 내용을 파악하는 능력도 갖추어야 한다.

효과적인 신뢰구축을 위해 활용할 수 있는 구체적인 화법은 다음과 같다.

① 상담에서 고객을 이끄는 능력 키워라

- "저는 오늘 상담을~게 전개……" (고객의 문제를 해결……~하게 도움을……)
- "오늘 이렇게 만나 뵙기 위해 제가 준비한 것은……"
- "오늘 상담을 통해 제가 도움을 드리려고 하는 것은……"
- "오늘 상담을 통해~님이 얻을 수 있는 이익은……"

② 영업실무자의 준비됨을 고객에게 알려라

- "저희는~한 방식으로……"
- "제가 고객을 도와드리는 방법은……"
- "오늘 방문 목적은……"
- "이 자료를 보시면……"

③ 고객의 공감을 끌어내는 대화-고객의 주의를 끌어라

- "최근~한 분들이~한 이익을 얻고 있는 것을~"
- "고객들이~한 문제를 해결하고 있는 것을 알고 계신지?"
- "~한 문제가 최근 고객님의 생활에 방해가~"
- "~ 문제해결로~한 이익을 얻는 고객들이 많다는 것을……?"
- "저희는~한 이익을……"
- "저희는~한 문제를 해결해서~한 이익을……?"
- "지인 중에~분도 저희 제품을 통해……"

- "최근 시장의 동향과 고객들이 원하는 것이~이라는 것과 그것을 저희가 어떻게 도와드리는지……"

④ 고객에게 환영받기 위해 노력하라

- 가치를 이야기하라.
- "여기 좋은 소식이 있습니다."
- "~님이 좋아할 만한 아이디어가 있습니다. 그 아이디어를 제공하고자 합니다."

⑤ 고객의 시간을 존중하고 보호해 주어라

- "방문의 목적은~으로 ○○분간의 시간만……"
- "시간을 줄여드리고자 몇 가지 확인을……"

⑥ 사례를 들어 고객의 신뢰를 유도하라

- 사례와 근거 자료를 제공함으로써 고객의 공감을 얻고 상담에 집중하게 하라.
- "○○○ 님이 최근~한 이익을 얻고 있습니다. 그 자료로……"
- "최근 시장조사에 의하면~한 계층의 소비자들이~한 것을 원한다고, 그 자료가…… "
- 상담을 통해 고객이 얻는 이익을 강조하라.
  "오늘 상담을 통해~한 문제해결의 방법을……"
  "오늘 상담으로 구매비용을 줄이는 데 좋은……"

영업실무자는 고객과 상담을 전개하면서 이 신뢰 구축의 단계를 반드시 거치는 것이 좋다. 이유는 고객이 상담에 대한 가치를 알도록 하고, 그래서 기꺼이 상담에 시간을 투자하도록 하는 방법이기 때문이다. 효과적인 신뢰 구축을 위해서는 고객에 대한 정보 파악과 분석, 그리고 고객에 맞는 다양한 사례와 메시지를 준비해야 한다.

고객이 매장을 찾아온 경우

다수의 B2C고객은 영업실무자가 일하는 영업현장(매장 등)에 방문을 한다. 그러한 고객은 개인적인 필요에 의해 상품과 서비스를 탐색하는 과정에 스스로 매장을 찾는 경우가 대부분이다. 상품을 구매하기 위해서이기도 하고 직접상품을 보고 비교 판단하기 위한 정보 수집 차원에서 방문한다. 어떤 경우든 영업실무자는 이러한 고객을 놓쳐서는 안 된다. 최소한 고객이 다시 방문에 지금 상담을 한 영업실무자를 찾고 싶은 마음이 들도록 해야 한다.

이렇게 자발적으로 찾아온 고객과 상담을 할 때는 다음의 사항을 기억하고 상담을 전개하기 바란다.

① 화법: 고객이 원하는 상품과 서비스 파악, 고객의 수준과 스타일 파악
② 준비: 수행할 서비스 → 항상 준비되어 있어야 한다.
③ 영업상담 전개 화법
  ·확인: 고객의 요구 확인
  ·소요시간: 고객의 요구에 맞는 서비스 수행 방법과 시간을 알린다.
  ·고객의 행동: 고객이 상품과 서비스의 가치를 경험하게 하기 위해 혹은 서비스를 받기 위해 대기할 경우 고객이 할 수 있는 행동

- 결과: 고객이 경험한 혹은 영업실무자의 제안에 대한 고객의 결정 확인 및 공유
- 필요하면 흥정
④ 마무리: 상품, 서비스 이용에 대한 감사
⑤ 추가 기회 발견-질문
- 이익
- 문제
- 동의
- 기타

〈표 2-9〉 매장영업의 상담구조

단 계	화 법
환영 서비스/상품 파악	인사 등 어떻게……? 무엇을 도와드리면……?
상담 -고객의 요구 확인 -거래 방법 · 자사의 내용 · 고객이 할 일	무엇이 문제인가? 왜 그것이 필요한가? 어떤 목적으로……? 저희 매장의 판매 프로세스는……? 우선 상품을 먼저 보신 후…… ~한 준비가 되어야 저희 서비스를……
결과확인	어떤지? 그럼~부터 시작을 하도록…… 어떤 상품에 관심이…… 배달 날짜는? 흥정시도
사후관리	결과에 대한 반응?
추가기회 제안, 발굴	혹~한 것이 필요하지 않은지? ~한 문제는 없는지? ~한 편리함과 이익을 알고 있는지……?

(3) 마무리 기법 – 의사결정 촉구하기

영업실무자가 활용할 수 있는 마무리 기법(고객의 의사결정을 촉구하거나 영업실무자의 제안에 대한 고객의 허락을 얻는)에는 다음의 원칙들이 있다. 마무리를 시도하는 데 두려움을 갖지 마라. 가끔 고객은 자신이 다음에 어떤 행동을 해야 하는지를 영업실무자가 명확히 알려주기를 바란다. 영업실무자의 명확한 제안이 없다면 고객은 의사결정을 하지 않거나 다음으로 미룰 수도 있다. 기회가 될 때마다 마무리를 시도해 고객의 반응을 알아야 다음의 영업활동을 계획할 수 있다. 그리고 마무리를 통해 영업실무자는 자신이 가장 원하는 계약의 가능성을 확인할 필요가 있다.

영업실무자가 고객과 상담을 마무리할 때는 다음의 두 가지 중 하나의 약속을 받아야 한다.

거래를 마무리한다.
추가 상담(추가 영업활동)을 허락받는다.

이 두 가지에 대해 자세히 알아보면 다음과 같다. 거래를 마무리하는 경우에는 고객이 구매를 결정하는 것이고, 추가 상담(영업활동)은 오늘 결정하지 못하는 고객에게 다른 영업활동(시연, 체험, 매장방문 약속받기, 다른 이해관계자와 함께 상담 등)을 제안해 고객의 허락을 받는 것을 의미한다.

어떤 마무리든 영업실무자는 과감하게 시도해서 고객의 반응을 확인해야 한다. 따라서 다음의 방법으로 상담을 마무리하도록 하라.

① 추정 승낙법

상대가 침묵하고 있으면 승낙을 의미하는 질문으로 마무리를 시도

- "우선 주문서에 사인을 해 주시겠습니까?"
- "그럼 다음 주에 귀하의 상황에 맞는 제품을 샘플로 보내드리겠습니다."

② 선택 질문법

망설이는 고객에게 2가지 선택안을 제안 선택을 촉구

- "일단 샘플을 사용해 보시거나 곧 구매를 하시는 건 어떠실지요?"
- "약정 금액은~와~중 어느 것으로 하시겠습니까?"
- "거래에는 이상의 3가지 방법이 있는데 어느 것으로 하시겠습니까."
- "좀 더 신중한 검토를 하는 데 도와드리고자 샘플과 함께 설명을 듣거나 직접 체험해 볼 수 있는 기회를 가져보는 건 어떠신지요?"

③ 긍정 유도법

고객으로 하여금 긍정적인 답이 나오도록

- "오늘 결정하실 것 같은데 상품은 차에 있습니다. 내려가서 가져오도록 할게요."
- "그럼 효과를 직접 경험할 수 있도록 샘플을 드릴게요."

④ 결과 지적법(T그래프)

고객이 구매하였을 때 얻는 이익과 구매를 연기 또는 포기를 하였

을 때 지속되는 문제와 불편함의 비용을 비교해 설득하는 방법
- 결론적으로 저희 상품을 이용하시면~한 이익이, 그리고 결정을
  지연하거나 구매를 연기하시면 지금의 불편함·문제가 지속되
  어~한 비용이 지불…… 어느 쪽을 선택하는 것이 이익인지 생
  각해 보세요.

⑤ 이점 확인법
고객이 얻는 이익을 하나씩 나열해 고객이 결정하도록 유도
- "부작용도 없고,~한 문제도 해결하였습니다. 그리고~이익
  을……"
- "~한 문제해결에 동의를 하셨습니다. 그러므로……"

⑥ 반대이유 제거법
고객의 반대 이유를 하나로 줄여 해결안을 제시하면서 결정하도록
유도하는 방법
- "그럼~와~이 중요하군요. 그 문제는 이렇게 하면~어떻습니까?"

⑦ 세일링 포인트 강조법
- 솔루션(사실, 장점, 문제해결과 이익)을 강조
- 고객이 얻는 핵심이익을 강조하면서, 구체적이고 신뢰가 가는
  사례를 제시하면서 의사결정을 촉구

⑧ 주문 의뢰법
직접적으로 구체적인 구매량 등을 확인하면서 의사결정을 요청하

는 방법

- "그럼 언제까지 배달을 해드릴까요?"
- "상품을 받을 주소가 어떻게 되세요?"
- "일차적으로 수량을 몇 개나 준비하면 될까요?"

⑨ 히든 카드 제시법

숨겨진 혜택(주로 거래조건)을 최후의 무기로

- "참, 중요한 이야기가…… 이번 거래에서 10% 할인을……"
- "그리고~한 이익도 추가로 얻을 수 있습니다."

⑩ 기한 한정법

- "기한이 지나면 손해다. 지금이 살 시기이다."
- "차년도에는 환율의 상승으로 가격 조정이 불가피합니다. 따라서 지금 계약하시면 올해의 가격으로 구매하실 수 있어요."

⑪ 다음 단계 제시법

영업의 다음 단계를 제시해 고객이 반응을 살피고 계약의 가능성을 올리는 기회를 확보하는 방법

- "그럼 ○○분과 함께 미팅을 하는 것이……?"
- "가족분들의 이해를 돕고자 저희가 방문해 상담을 진행하면 어떨지요?"
- "샘플을 통해 보다 쉽게 이해할 수 있으므로 ○일 시연을 하면 어떻겠는지요?"

영업실무자의 마무리 시도에 고객은 부정적인 반응을 보이거나, 반론을 제기할 수도 있다. 영업실무자의 제안에 대한 고객의 반론에 대응하는 방법으로는 다음을 참고하면 효과적이다.

① 직접법(부정)

구실을 대며 거절, 오해가 있을 때(서비스에 대한 불만이 많다고 들었는데 추가 서비스 기간을 6개월 연장해 준다면 생각해보죠)

· "농담이시죠.~를 원하는 사람은 없죠. 어째서……"

· "결코 그런 일은 없습니다."

· "그 부분에 대해서는 오해를 하고 계십니다. 저희는 이렇게……"

· "그 조건은 업계의 관례와는 벗어난 것입니다."

② 간접법: yes, but

고객의 말을 인정한 후 간접적으로 부정하는 방법

고객의 말을 경청하는 것이 중요(고객의 이면을 파악하기 위해서……)

· "효과를 의심하는 것은 당연합니다. 누구나 그럴 수 있죠. 하지만 이 자료를 보시면 그러한 의문은……"

· "충분히 이해합니다. 그럼~한 이익에 대해선 알고 계신 대로……"

③ 반전법

고객의 반대, 거절을 그대로 응수, 부정하지 않고 다른 방법으로 반전함으로써 고객의 거절의 강도를 확인하거나 낮추는 방법이다.

• "불경기라 말씀하시는데…… 그렇다면 이 상품으로 가계비를 줄일 수 있다면……"

• "어렵다고 말씀하시는데 저희 상품으로 지금의 문제를~게 해결할 수 있다면 더 큰 이익이 있지 않겠습니까!"

• "지금 만족하신다고 하셨는데 비용을~만큼 줄일 수 있다면 관심을……?"

④ 사례 제시법

고객의 의문점을 해결하거나 확신이 부족할 때 사례, 증거, 추천장, 전문가 증언 등을 제시

• "이 자료를 보시면 ○○○ 님의~한 성과를……"

• "효과에 대한 확신을 드리고자 이 자료를 보시면……"

⑤ 전환법(자료)

대화가 잘 진전이 안 될 때 다양한 자료를 통해 진전을 시도

• "아 참, 임상실험 자료가 있는데……"

• "처음으로 돌아가……~에 대한 자료로……"

⑥ 전환법(대화)

다른 화제를 끌어내는 것

• "그럼 사용방법은 나중에…… 우선 사용을 통해 해결하는 문제를 이해하는 것이 필요합니다."

• "~한 부분뿐 아니라 이 자료를 보시면 안전성에서도 우수합니다."

• "구체적인 조건은 나중에 협의하도록 하고 우선 ○○○ 님의 반

응을 먼저 알아보는 것은 어떠신지요?"

⑦ 무시법
· 거절, 반대 또는 의견을 무시
· 자연스레 고객이 말을 못 들은 척하거나 반응을 보이지 않는다.

⑧ 질문법: 고객이 반응, 반대를 역으로 질문
· "왜 그렇게 판단을 하시는지?"
· "왜 그것이 중요한지요?"
· "그 말씀은~만 합의되면 결정할 수 있다는 것인지요!"

위의 방법으로 고객의 다양한 거절 혹은 반론에 대응하도록 하라. 고객에게 의사결정을 촉구하는 것은 영업실무자의 당연한 권한이자 역할이다. 고객 또한 영업실무자의 제안을 이유 없이 거절 혹은 반론을 제기하기도 한다. 이를 효과적으로 극복할 수 있을 때까지 위의 기술을 적극적으로 활용하기 바란다.

4. 시연, 샘플 설명하기

1) 시연, 데먼스트레이션

영업실무자가 활용하는 또 하나의 영업도구는 시연을 통한 상품과 서비스의 가치를 고객에게 보여 주고 구매욕구를 자극해 설득하는 것이다. 그 대상은 제품을 직접 사용하는 사용자 혹은 결정권자가 대부분이다. 이 시연을 통해 고객의 의심이나 오해(사용법, 성능에 대한 의심 등)를 없애고 구매의 가치를 고객이 경험하도록 해야 한다. 시연 중 직접 체험하도록 하는 것도 고객의 경험에 자극을 주는 좋은 방법이다. 그리고 시연 외 샘플을 고객에게 제공할 경우에도 그냥 제공해서는 안 된다. 고객이 샘플을 통해 충분한 가치를 경험할 수 있도록 자세히 설명(사용방법 등)해야 한다. 고객이 충분한 사용 경험을 해 보지 않으면 상품과 서비스의 가치를 잘못 판단하거나 평가절하할 수 있기 때문이다.

다음의 방법으로 이 시연을 진행하도록 하라.

〈표 2-10〉 시연, 샘플 설명

	방법	상담화법
도입	배경 이익 문제해결	고객이 얻는 이익 고객의 배경과 필요성 문제해결 내용→구성: 소개/전개방법
본론	사례 성능 특성	근거, 사실 등 자사 상품의 가치
	비교	다른 상품과 비교
	이익	고객이 얻는 이익, 문제해결
	시연 또는 체험	
	샘플제공 - 사용방법	
마무리	핵심강조 - 이익, 문제해결	
	비즈니스 방법	
	행동요구	

2) 카탈로그 중심의 커뮤니케이션

카탈로그는 매우 자주 그리고 쉽게 활용하는 영업도구이다. 하지만 이 카탈로그는 한계를 갖고 있다. 그 한계는 대부분의 카탈로그의 내용이 고객 중심이 아니라는 것과 제품의 성능 중심으로 구성되어 있다는 것이다.

따라서 영업실무자는 자사의 카탈로그를 활용해 고객에게 제안하고 설득할 때는 카탈로그의 내용보다는 사례와 근거 그리고 배경과 필요성, 이익과 가치를 논리적으로 강조하는 것이 좋다. 그리고 카탈로그 내용 중 고객의 필요를 충족시켜 주는 내용에 대해서 집중적으로 설명하도록 하라. 필요하다면 카탈로그에 형광펜으로 표시하면서 구체적으로 설명하라. 카탈로그로 상담을 전개할 때는 다음의 순서로 전개하여 설득의 가능성을 올리도록 하라. 일단 고객이 상담에 흥미를 갖도록 유도하는 것이 중요하다.

〈표 2-11〉 카탈로그 상담 기법

순 서	내 용
배경	→고객의 상황, 필요성, 시장의 흐름, 고객군의 트렌드 등
가치제공	→해결책, 고객이 얻는 결정적인 이익
특징	SPEC 설명
근거, 사례	준거집단, 제3자의 사용사례 등
욕구파악	→고객의 상황, 니즈 파악 질문
영향파악	→고객의 문제, 니즈가 업무와 업무목표에 미치는 영향 →해결 후의 기대 이익 파악
이익공유	→고객과 합의한 이익, 고객이 동의한 이익
의사결정 촉구	→영업의 단계 제안, 약속확인

1. 고객과 효과적인 상담을 위해서는 철저한 준비가 필요하다.

2. 어떤 고객이든 첫 만남에서는 공감대를 형성하는 것이 중요하다.

3. 고객과 공감대 형성의 대화를 위해서는 영업실무자가 대화의 소재를 미리 준비하고 먼저 마음을 열고 대화를 시작하는 것이 좋다.

4. 고객에게 상담을 통해 얻는 이익을 알려 줌으로써 상담시간을 확보하고 상담에 집중하도록 하는 전문가 수준의 대화기법을 갖춰야 한다.

5. 고객은 스스로 결정하려 하지 않는다. 때로는 구매전략상 구매결정을 미루면서 영업실무자를 압박한다. 이에 유연하고 탄력적으로 대응할 수 있는 기술이 필요하다.

6. 고객을 만나기 전에 영업실무자는 상담의 전체적인 흐름과 목적을 정리한 어젠다를 작성해 고객과의 상담을 효과적으로 준비해야 한다.

7. 고객이 영업실무자를 기다리는 경우는 드물다. 영업실무자는 고객과의 초기접근-상담 약속을 정하는 전화, 이메일 등-을 유능하게 수행할 수 있어야 한다.

8. 대부분 고객은 구매결정을 할 때 주저하거나 망설이기 때문에 고객의 구매결정을 촉구하는 기법을 영업실무자는 적절하게 활용할 수 있어야 한다.

9. 다양한 영업상담의 도구 중 카탈로그를 중심으로 설명할 때는

SPEC보다는 고객이 얻는 이익 사례를 보여 주면서 강조하는 것이 효과적이다.

10. 시연과 샘플을 활용해 고객이 상품의 가치를 직접 혹은 간접적으로 경험하도록 하라.

제4장

복수의 대중 고객을
움직여라

　영업실무자 서태석, 그동안 만난 고객에게서 요청이 왔다. 고객이 활동하는 사회 네트워크 모임이 있는데 참석해 15분 정도 상품을 소개할 기회를 주겠다고 한다. 소개가 성공적이라면 가망고객을 여러 명 확보할 수 있는 기회라고 귀띔을 해 준다.

　서태석은 감사하다고 한 후 며칠간 밤잠을 설치며 프레젠테이션 준비를 하였다. 프레젠테이션을 잘 진행해 더 많은 고객을 확보하는 기대를 하면서 수차례 연습을 통하여 준비의 완성도를 높였다. 마침내 당일 날 현장!

　서태석은 자리에서 일어나 연단으로 가면서 심호흡을 한다. 드디어 연단에 서서 좋은 기회를 주신 데 감사하다는 말을 하면서 프레젠테이션을 시작한다. 그런데 참석자 중 몇 명이 흥미가 없는 듯이 옆 사람과 이야기를 나누는 것이 보인다. 다른 참석자들도 서태석의 발표에 흥미가 없는 듯한 표정이다. 게다가 프레젠테이션 슬라이드 중 5페이지 내용이 오늘 발표와는 다르다. 어제 마지막으로 연습하면서 분명히 수정하였는데 저장을 제대로 하지 않은 것 같다. 갑자기 서태석의 앞이 깜깜해진다. 등에서는 식은땀이 나고 청중들은 흥미를 보이지 않고 더욱 긴장한 서태석은 발표내용이 뒤죽박죽 된다.

겨우 발표를 마친 서태석은 연단에서 내려오면서 새로운 영업기회가 사라진 것에 대한 안타까운 마음이 든다. 그리고 이 기회를 제공해 준 기존고객이 자신을 어떻게 생각할지 걱정되기 시작했다.

서태석의 문제는 어디에 있다고 생각하는가? 만일 서태석이 이 기회를 효과적으로 활용하였다면 그 결과는 어떻게 되었을까? 당연히 더 많은 고객을 확보할 수 있는 기회를 가졌을 것이고, 이 기회를 준 기존고객에게 자신의 전문성을 보여 주면서 더 나은 관계를 지속할 수 있었을 것이다.

영업실무자는 자사의 상품과 서비스가 가진 가치를 고객에게 제안하고 고객을 설득하는 데 유용한 몇 가지 도구를 효과적으로 활용할 수 있어야 한다. 그중 다수의 고객을 대상으로 가치를 설명하거나 설득할 경우에는 프레젠테이션을 진행하기도 해야 한다. 이 프레젠테이션을 효과적으로 수행하기 위해서는 영업실무자의 커뮤니케이션 능력(특히 설득력), 고객에 대한 이해 정도와 정보의 활용수준, 시각자료를 제작하는 능력 등이 요구된다. 이번 6장에서는 혹시나 영업실무자가 진행할 수도 있는 프레젠테이션을 잘 하기 위해 요구되는 지식과 기법들에 대해 알아본다.

1. 프레젠테이션의 이해

일반적으로 프레젠테이션은 "다수의 청중(고객)을 대상으로 당신이 가진 생각, 의견, 아이디어 또는 솔루션들이 청중(고객)의 문제를 해결하고, 욕구를 충족하는 데 가장 적합한 것이라는 것을 다양한 시각자료와 매체를 활용해 논리적으로 설득하는 과정과 그 과정을 마무리하는 커뮤니케이션의 한 형태이다"로 정의할 수 있다.

영업실무자가 수행하는 프레젠테이션은 고객과 1:1로 진행하는 영업상담의 확장된 영업 커뮤니케이션 방법이다. 다수의 참석자와 몇 개의 매체(컴퓨터, 프로젝트 등)를 갖고 공식적으로 다수의 고객들을 설득하는 영업활동이다. 즉 "자사의 상품과 서비스의 확인된 가치로 고객이 가진 문제를 해결하고 욕구(니즈)를 충족할 수 있는 방법을 사례와 근거자료로 다양한 매체를 활용해 논리적이면서도 흥미롭게 제안해 고객을 설득하는 영업활동의 하나"이다.

프레젠테이션 수행능력은 영업실무자에게 매우 중요한 역량이다. 이 프레젠테이션은 자사의 상품과 서비스에 대한 가치개발뿐 아니라 고객의 니즈와 상황에 대한 이해 정도, 경쟁사의 제안을 이기기 위해 개발한 경쟁력 있는 차별화 요소들을 종합적으로 활용할 수 있어야 성공적인 결과를 가져올 수 있는 프리젠테이션을 할 수 있다. 최고의 영업실무자(높은 매출을 올리는)가 되기 위해서도 반드시 갖춰야 하는 능력이다. B2C영업을 한다고 이 프레젠테이션의 기회가 없는 것은 아니다. 앞의 사례에서 보듯이 다양한 네트워크활동을 하는 고객들이 이러한 기회를 주거나, 영업실무자 스스로 네트워크활동을 한다면 그 기회를 가질 수 있을 것이다. 프레젠테이션을 효과적으로 수행하기 위해서는 기본적인 지식에 연습을 통한 기술이 숙련되어야 한다. 제6장에서는 영업실무자가 반드시 알아야 하는 프레젠테이션의 기본지식과 프레젠테이션의 준비시트, 프레젠테이션의 진행 시나리오, 질의응답 기술 등에 대해서 알아보기로 한다. 더 많은 지식과 방법들에 대한 학습을 원한다면 프레젠테이션을 정리한 전문서적을 참고하기 바란다. 이 책에 수록된 것은 프레젠테이션의 핵심만을 정리한 것이다.

2. 효과적인 프레젠테이션의 15가지 요소

영업의 성과를 올리기 위해 영업실무자는 프레젠테이션을 준비할 때 다음의 요소를 고려해야 한다.

① 철저히 준비해야 한다. 프레젠테이션을 부드럽고 원만하게 진행하는 데 실패하는 원인은 무엇인가? 그 첫 번째 요인은 준비부족이다. 영업실무자는 계획된 프레젠테이션을 위해 철저한 준비를 해야 한다. 준비에는 프레젠테이션을 하는 목적, 프레젠테이션 참석자들의 특성(성별, 지식수준, 경력 등)과 욕구, 고객들을 설득할 내용·정보 수집 및 분석과 논리적인 가공, 프레젠테이션 매체의 선택, 프레젠테이션 유형, 장소, 시간, 시각자료의 준비, 그리고 가장 중요한 것인 사전연습이 있다. 이 모든 준비를 영업실무자는 제대로 해야 한다.

② 영업실무자는 자신이 전하는 메시지가 청중인 고객들에게 중요하고 가치 있다는 신념(고객에게 최선의 솔루션이고 경쟁우위가 있다는)을 가져야 한다. 영업실무자 스스로 자신의 메시지에 확신이 없이는 열정적인 프레젠테이션을 할 수 없고, 따라서 고

객을 설득할 수 없거나 설득하기 어려울 것이다.

③ 영업실무자는 프레젠테이션의 목적을 분명히 해야 한다. 프레젠테이션을 준비하거나 실시할 때 영업실무자는 프레젠테이션 목적을 잊어서는 안 된다. "이 프레젠테이션에서 내가 무엇을 원하는가? 나의 제안을 고객이 받아들여야 하는 근거가 분명한가? 이대로 진행한다면 나의 목적을 달성할 수 있겠는가?"라는 질문을 통해 프레젠테이션의 목적을 명확하게 정하고 준비하면서 이 목표에서 벗어나지 않도록 주의해야 한다.

④ 기본적인 메시지와 주요 요점을 일치시켜라. 영업실무자는 자신이 프레젠테이션에서 전하는 메시지와 중요한 요점을 논리적으로 잘 구성해야 한다. 프레젠테이션의 제목에서부터 도입(오프닝), 본론 그리고 마무리에 이르기까지 고객의 니즈 그리고 솔루션의 구조가 일관되고 일치될 때 설득력 있는 프레젠테이션이 가능하다.

⑤ 청중을 분석하고 이해하라. 청중의 관심사 중심으로 메시지를 전달하라. 청중이 이해하는 단어와 용어를 사용하라. 프레젠테이션에 참석한 고객은 '이것이 나에게 무슨 소용이 있는 것인가?'라는 의문을 갖는다. 따라서 청중들이 얻은 이익을 강조하면서 고객들이 집중하도록 흥미를 끌어야 한다. 그리고 청중의 필요와 욕구를 안다는 것은 프레젠테이션의 목적을 훨씬 쉽게 달성하고, 고객들의 집중력을 계속 유지하는 비결이다.

⑥ 중요한 요점 혹은 고객이 얻는 이익을 이야기하면서 시작하라. 영업실무자에게 주어진 프레젠테이션의 시간은 충분하지 않다. 대부분의 경우 20분 정도의 시간이 주어진다. 따라서 영업실무

자는 프레젠테이션을 할 때 처음부터 중요한 요점(고객이 얻는 이익, 문제해결 중심으로)을 강조하면서 고객의 집중력을 끌어내고 유지시켜야 한다. 이를 위해서 프레젠테이션의 제목부터 고객의 이익을 강조하는 것으로 만드는 것이 효과적이다.

⑦ 확실하고 명료하며 구체적인 자료를 통해 고객의 집중을 끌어내라. "어떻게 우리의 문제를 해결할 수 있지? 제시된 해결책을 어떻게 믿고 그 효과를 확신할 수 있지?" 등은 프레젠테이션을 듣고 의사결정을 해야 하는 고객들이 가지는 당연한 의문이다. 프레젠터인 영업실무자는 적절한 사례와 근거자료로서 프레젠테이션의 참석자의 의사결정과정에서 발생하는 이러한 의심을 해소하고 그들에게 확신을 심어 주어야 한다. 이를 위해 사회적인 근거, 기존고객이 얻은 이익과 그 증거자료를 다양하게 준비해 활용해야 한다.

⑧ 프레젠테이션의 시각자료는 읽기 쉽고 이해하기 쉽도록 만들어야 한다. 프레젠터의 자신감 있고 확신에 찬 발표가 때때로 너무 복잡하거나 이해하기 어려운 시각자료로 인해 엉망이 되는 경우가 있다. 이래서는 안 된다. 전하고 싶은 내용이 너무 많을 경우, 핵심이 정확하지 않은 경우 프레젠터는 시각자료에 의존하게 되고 이것에 지나치게 신경 쓰다 보면 프레젠터의 설명이 난해해지기도 한다. 이러한 일이 발생하는 이유는 고객 중심의 프레젠테이션이 아니고 자사의 능력을 모두 나열해 고객을 설득하려는 자사 중심의 프레젠테이션을 하기 때문이다. 고객이 가진 니즈에 부합하는 상품과 서비스의 가치 개발과 자사의 역량(경쟁우위)만으로 명확하고 논리적으로 시각자료를 만들도록 하라.

⑨ 영업실무자는 효과적으로 프레젠테이션을 마무리해야 한다. 영업실무자인 프레젠터가 가지는 어려움 중 하나는 발표를 마무리할 때이다. 결론을 내릴 시점이 다가오면 프레젠터도 고객도 다소 긴장감이 떨어진다. 이럴 때 유능한 프레젠터는 여유를 가지고 프레젠테이션의 목적과 고객이 얻는 이익을 자세하게 다시 한 번 강조해 줌으로써, 고객의 기억을 상기시켜 주어 의사결정에 도움을 주는 프리젠테이션 메세지로 마무리한다. 절대로 서둘러서 성급하게 결론을 내리지 마라. 프레젠터에게 할당된 시간 또한 최대한 활용할 수 있어야 한다. 더욱 좋은 방법은 프레젠테이션을 하는 중간중간 요지를 바꾸거나 다른 메시지를 전할 때 항상 앞의 핵심을 강조하는 중간 요약을 활용하라.

⑩ 연습을 충분히 해야 한다. 무엇이든 연습하지 않고는 익숙해질 수는 없다. 특히 고객 앞에서 발표하는 프레젠테이션의 경우 더욱더 많은 연습이 필요하다. 숙련된 프레젠터도 충분히 연습한 후 고객 앞에 선다. 연습이 많으면 많을수록 자신감과 확신을 갖고 프레젠테이션을 할 수 있다. 실제 상황처럼 준비하고 연습하라. 그리고 머릿속으로 성공적인 프레젠테이션을 하는 자신의 모습을 상상하라. 프레젠테이션을 하는 동안 일어날 다양한 상황(특히 고객의 질문)을 효과적으로 극복하기 위해서라도 충분한 연습이 절대적으로 필요하다. 영업실무자는 연습을 통해서 자신의 프레젠테이션 기술을 끊임없이 단련해야 한다. 충분하고 반복된 연습만이 완벽함을 만든다.

⑪ 영업실무자는 발표를 절제되고 잘 준비된 연기처럼 수행할 수 있어야 한다. 발표하는 동안 고객의 관심을 지속적으로 유지할

수 있어야 한다. 너무 딱딱한 프레젠테이션은 고객을 긴장하게 만들어 오히려 집중력을 떨어뜨리기도 한다. 반면 너무 재미 위주의 프레젠테이션은 고객의 마음을 느슨하게 만들어 프레젠터의 메시지를 제대로 받아들이지 않을 수도 있다. 따라서 영업실무자는 적절한 긴장감을 조성하는 것이 좋다. 긴장감을 조성하는 방법은 고객의 현재 상황(트랜드, 거시환경의 변화, 시장의 흐름, 준거인물의 동향 등 고객이 처한 상황을 실제적으로 언급)을 강조하면서 고객의 감성을 자극할 수 있다면 효과가 있다. 사람들은 지식의 습득과 기억은 논리적인 구성에 따르지만 설득당하는 것은 감성적인 부분이다. 영업실무자는 발표를 자연스레 진행하면서 고객의 감성을 자극할 수 있어야 한다.

⑫ 융통성과 유연성을 가져야 한다. 상황에 따라 발표를 조정하라. 대부분의 프레젠테이션은 사전에 계획되고 예정된 대로 진행된다. 그렇지만 가끔은 예상하지 못한 상황이 전개되기도 한다. 참석자 수가 5~6명에서 10여 명으로 증가하거나, 프레젠테이션 시간이 30분에서 20분으로 줄어들거나, 예상하지 않은 유명인이나 고위직의 사람이 참석하는 경우와 반대로 참석하기로 되어 있던 의사결정권자의 불참 등의 변화가 일어나기도 한다. 영업실무자는 이러한 상황 변화에 유연하게 대처할 수 있어야 한다.

⑬ 질문에 효과적으로 대처하라. 영업실무자가 준비된 발표를 마치고 마지막 마무리를 한다. 이때 고객 중 한 사람이 손을 들고 질문한다. 그 질문이 영업실무자가 충분히 대답할 수 있는 내용이라면 다행일 것이다. 하지만 영업실무자가 잘 모르는 사안에 대한 질문이라면 곤란한 상황에 빠진다. 이것이 두려워 고객들

에게 질문할 시간적인 여유를 주지 않는다면 영업실무자에게나 고객에게나 부정적인 영향을 줄 수 있다.

⑭ 영업실무자는 자신의 목표를 잊지 말고 과정(준비부터 마무리까지)을 즐겨야 한다. 프레젠테이션을 사람들과 주고받는 자연스러운 대화로 생각하라. 단체로 영업실무자가 상담 자리에서 일어나 일정한 시간 동안 고객에게 자사와 상품의 가치를 전달하는 것으로 생각하라. 특히 고객들이 분명한 욕구와 니즈를 갖고 있고, 영업실무자의 메시지가 그들이 욕구와 니즈를 채워 줄 수 있다면 고객도 영업실무자도 충분히 그 과정을 즐길 수 있을 것이다.

⑮ 지금 누군가를 설득하고 있음을 기억하라. 영업실무자는 고객을 설득하기 위해 프레젠테이션을 한다. 당신의 커뮤니케이션 능력, 자료준비 능력, 설득력, 자신감, 전문가로서의 능력 등을 총 동원하도록 하라.

이러한 15가지 원칙을 갖고 프레젠테이션을 준비하고 실행한다면 좋은 결과를 얻을 수 있을 것이다.

3. 프레젠테이션 성공 3가지 요소

프레젠테이션 성공의 3요소는 다음 그림과 같다.

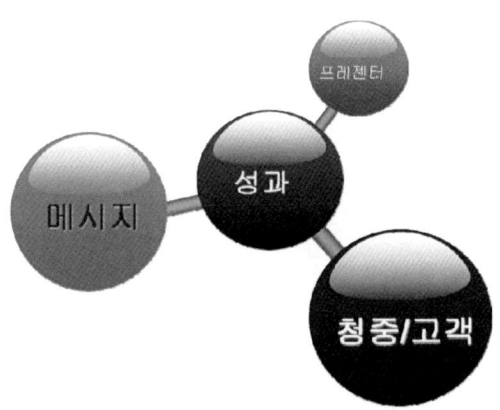

[그림 2-11] 프레젠테이션 성공 3요소

　프레젠테이션을 진행하는 프레젠터인 영업실무자는 자신감과 자연스런 태도, 시선 처리의 안정성, 안정적인 자세 등을 전문가 수준으로 만들어야 한다. 그리고 메시지는 고객의 욕구와 고객의 니즈 중심으로 준비해야 한다. 메시지에 대해서 완벽한 이해를 해야 한다. 마지막으로 고객에 대한 분석을 통해 그들의 지식수준과 역할 그리고 니즈와 욕구를 파악해 맞춤식의 프레젠테이션을 진행해야 성공률이 높아질 것이다. 프리젠터가 가져야 하는 태도에 대해서 알아보도록 한다.

1) 프레젠터의 태도, 자세

　영업실무자는 전문가로서 모습을 보여 주고 효과적인 프레젠테이션을 진행하기 위해 다음의 사항들을 지키고 습관화시켜야 한다.

(1) 자세

- 고개를 약간 위로 들고 턱을 앞으로 내민다.
- 뺨에서 공기를 들이마시고 숨을 내쉰다.
- 부드럽게 미소를 짓고 여유 있는 시선 처리를 한다.
- 어깨를 뒤로 젖히고 가슴을 내밀고 배를 끌어당긴다.
- 두 손은 편안하게 옆으로 내린다.
- 무릎을 편안하게 하고 다리를 꼬지 않는다.
- 남녀 모두 발을 약간 벌려 선다.
- 천천히, 깊게, 고르게 호흡을 한다.
- 연단이 있다면 연단 위에 두 손을 자연스레 올려놓는다. 이때 연단에 기대거나 해서는 안 된다.

(2) 하지 말아야 할 자세 및 태도

- 몸을 좌우로 또는 앞뒤로 자꾸 흔드는 행위
- 단추나 옷 또는 넥타이를 만지작거리는 행위
- 몸의 무게 중심을 이쪽저쪽으로 자꾸 옮기는 행위
- 귀를 잡거나 이마를 문지르거나, 턱을 만지작거리거나, 머리를 쓰다듬은 행위
- 머리칼을 뒤로 보내기 위해 머리를 갑자기 뒤로 젖히는 행위
- 손가락으로 탁자를 톡톡 치는 행위
- 손바닥으로 탁자의 가장자리를 문지르는 행위
- 카드를 만지작거리거나 호주머니 속의 물건을 만지는 행위
- 호주머니에 손을 넣었다 뺏다 하는 행위
- 손을 비벼대는 행위

· 팔찌나 시계 등 장신구를 만지는 행위

· 팔소매를 걷어올리는 행위

(3) 제스처

· 제스처는 팔 전체로 하라.

· 제스처를 할 때는 크고 분명하게 하라.

· 제스처는 언제나 완성하라. 동작을 중간에 멈추지 마라.

· 크기와 빈도는 상황에 따라 다르게 하라.

· 전달하는 내용과 타이밍을 맞추어라.

· 발표의 흐름에 맞추어 적절하게 변화를 주어라.

· 손과 팔을 다양한 각도로 움직여라.

· 말하고 있는 내용과 일치시켜라.

· 고객 습관을 고려하라.

(4) 시선 처리

· 자신감(침착하게 항상 누군가를 본다)을 보여 준다.

· 1:1로 이야기하듯이 하는 것이 효과적이다(그룹 전체에게 이야기하지 않는다).

· [Look/보고] – [Smile/미소 짓고] – [Talk/이야기] 한다.

· 중요한 메시지를 전할 때는 Key Man을 공략한다(바라본다).

· [지그재그 시선법]–좌에서 우로, 우에서 좌로, 뒤에서 앞으로, 앞에서 뒤로 한다.

· [One Sentence, One Person]–하나의 문장을 말할 때 한 사람을 봐야 한다.

(5) 복장

· 전문가로부터 의상에 대한 조언을 받는다.

· 청중과 비슷한 옷차림을 한다.

· 너무 꼭 끼는 옷은 피한다.

· 짙은 색 정장이 무난하다.

· 흰색 셔츠나 블라우스가 무난하다.

· 붉은 색 타이나 스카프가 효과적이다.

· 깨끗한 구두를 준비한다.

· 보석은 조금만 착용한다.

· 향수는 은은하게 뿌린다.

· 검정색 고급 필기구를 갖춘다.

(6) 목소리

· 사전에 발성훈련을 한다.

· 우물거리지 말고 과감하게 던진다.

· 사이음 '아', '음' 등의 사용을 자제한다.

· 단조롭게 말하지 말아야 한다.

　－다양한 억양을 사용한다.

　－감정표현을 한다.

　－강조할 때 다양한 표현을 사용한다.

· 실수 방지를 위해 조금 천천히 말한다.

· 쉴 때는 과감하게 쉰다.

· 표현에 다양한 변화를 준다.

· 제일 먼 사람과 대화하듯이 과감하게 소리를 던진다.

(7) 따라서 유능한 프레젠터는 다음에 익숙하다.

· 항상 서두를 힘차게 시작한다.

· 발표 중 일화, 예화, 사례, 증거를 많이 활용한다.

· 구어체를 쓴다. 대화하듯이 자연스럽다.

· 시각적으로 묘사한다. 상상력을 자극해 설득력을 높인다.

· 가치 중심의 Story Telling을 활용한다.

· 기쁘게 그리고 편안하게 말한다.

· 긍정적인 표현을 쓴다.

· 활기차게 말한다.

· 진지하게 말한다.

· 자신 있게 말한다.

2) 고객을 분석하라

영업실무자는 자신의 프레젠테이션에 참석하는 청중들의 성향과 직위, 경력, 지식 수준, 구매에서의 역할, 니즈 등을 중심으로 고객을 분석해야 한다. 특히 고객 중 전문가(엔지니어, 기술전문가, IT 전문가 등)가 참석할 때는 더욱 용어와 시각자료, 메시지의 준비를 철저히 해야 한다. 실제 사용자 중심이라면 프레젠테이션 중 시연하거나 고객 중 일부가 직접 사용해 보도록 하는 방법을 활용할 수도 있다.

고객의 지식수준과 경험도 고려해야 하는 내용이다. 이를 위해 영업실무자는 사전에 다양한 방법을 통해 프레젠테이션 참석자들에 대한 충분한 정보를 수집하는 것이 좋다.

3) 메시지 준비

영업실무자는 고객의 니즈에 맞는 상품과 서비스의 가치를 중심으로 메시지를 준비하고 논리적으로 가공해야 한다. 고객의 상황에 대한 정보도 수집해 고객에게 구매의 필요성을 강하게 전달하는 메시지를 준비하면 효과가 있다.

그리고 영업실무자는 프레젠테이션 메시지에 대해서는 완벽한 지식을 갖추어야 한다. 메시지에 대한 이해 부족은 성공적인 프리젠테이션을 불가능하게 한다.

4) 프레젠테이션 표현력 강화

영업실무자는 프레젠테이션을 진행하면서 다음의 표현을 사용해 표현의 다양성을 갖추는 것이 좋다. 다양한 표현은 고객의 흥미를 끌고 오래 기억하도록 하는 효과가 있다. 이 표현들은 고객과 상담을 전개할 때 활용할 수도 있다.

(1) 설득할 때
① 제안하는 것을 명확히 한다.
· 저는~을 제안합니다. 저의 제안은……
· 저는~을 추천합니다. 저의 추천은……

② 이익·차이를 강조한다.
· ~와~의 차이는 대단히 크다.

・유리한 점과 불리한 점은……

・한편으로는…… 다른 한편으로는……

・이것이 훨씬~보다 낫다.

③ 강한 선택을 제안한다.

・현재로서는 선택의 여지가 없습니다.

・고객님들이 선택을 하지 않는다면 그 결과……

・혹은…… 대신에 저는~을 제안합니다.

④ 고객을 집중시킬 때

・제가 강조하고자 하는 점은……

・저는~점을 강조합니다.

・저는~을 반복적으로 강조합니다.

・이것은 이해가 필수적인・결정적인 사항입니다.

・반드시 기억하고 알아야 하는 사항은……

⑤ 목적을 강조할 때(고객의 구매이유를 강조)

・제가 할 수 있는 것은……

・많은 고객들이 좋아 하는 것은……

・고객분들이 미리 했어야 했던 것은……

・진짜 중요한 것은……

・우리가 함께 해결할 문제는……

⑥ 중요한 가치를 반복할 때
· 이것은 매우 매우 어려운 문제이다.
· 우리는 오래오래 이것에 대해 생각했다.

⑦ 대조·대비할 때
· 어제는…… 오늘은……
· 실제는…… 사실은…… 분석
한편으로는, 대비하면, 그러나, 그렇지만, 그럼에도 불구하고,~와
는 다른, 비교하면, 같은 방법으로, 유사하게,~처럼, 추가해서,~와
함께, 게다가……

⑧ 단순화할 때
정직하게 말해……, 솔직히 말해서……, 기본적으로……, 단순화시
키면……

(2) 신호 줄 때–메시지의 방향이 바뀔 때
계속하면, 돌아가서, 요약하면, 확장하면, 덧붙이면, 다시 말하면,
바꾸어 말하면, 결론은, 좀 더 구체적으로……, 좀더 자세히 말하
면……

(3) 아이디어 흐름을 이야기할 때
첫째, 둘째, 셋째……, 마지막으로……

(4) 아이디어 추가할 때

그리고, 다시, 또한, 더해서, 부가하면, 더욱이, 다시금, 더군다나 등

(5) 방향을 전환할 때

잠시 시각을 바꾸어……, 자 본론으로 돌아와서……

(6) 요약할 때

① 신호 주기

· 좋습니다. 이제 마무리할 단계이군요……

· 맞습니다. 제가~에 대하여 하고자 하는 말은……

· 그래서 그것이 제가 하고자 하는 말입니다.

② 요약하기

요약하면, 정리하면, 마무리를 하기 전에 몇 가지……

③ 결론을 내릴 때

결론적으로 저는……, 다음과 같은 말을 하면서 결론을……

마지막으로 강조할 것은……

④ 마지막 추천·제안하기

그러므로 저는~을 추천……

고객님들이 할 것은……

따라서 오늘 발표 후 다음 조치로는……

⑤ 지원·지지

이제까지의 발표를 정리한 자료를……

자료와 발표내용에 대해서 필요하시면 이메일로……

추가적인 자료는~한 방법으로……

⑥ 종결

집중해서 들어 주셔서 감사, 경청을 해 주셔서 감사,

오늘 발표내용이 유익하고 도움이 되었기를….

⑦ 질문요청

어떤 질문이든 환영합니다. 질문 있습니까? 어떤 질문?

⑧ 연결할 때

……때문에, 그래서, 만일 ……이면, 그 결과로, ……따라서, 결과
적으로 등

4. 프레젠테이션 준비

영업실무자는 프레젠테이션을 준비할 때 다음의 두 가지를 중심
으로 발표준비를 하도록 하라. 준비하는 내용을 알면 어떻게 준비해
야 하는지 방법도 알게 되고 프레젠테이션의 수행력 또한 올라갈 것
이다.

1) 프레젠테이션 어젠다

프레젠테이션 어젠다는 프레젠테이션을 준비할 때 가장 먼저 작성해야 하는 준비시트이다. 영업실무자는 어젠다를 준비하면서 프레젠테이션의 성공 여부를 판단할 수도 있다. 어젠다를 통해 영업실무자가 고객의 니즈를 얼마나 정확하게 파악하였는지, 상품과 서비스에 대한 가치 개발의 준비 정도, 청중의 상황과 구매의 필요성 등이 자세히 정리할 수 있다면 그 성공률이 올라갈 것이기 때문이다.

이 어젠다의 항목 하나하나를 확인하도록 하라. 영업실무자가 파악할 수 없는 내용은 프레젠테이션의 기회를 준 사람에게 요청하라. 그 사람이 주는 답의 수준에 따라 고객입장에서의 프레젠테이션의 중요성을 판단할 수 있을 것이다.

〈표 2-12〉 프레젠테이션 어젠다

```
· 고객명:              담당자:              전화:
· 주제(고객의 구매 배경, 필요성):
· 프레젠테이션 제목(고객의 이익, 구매목적):
· 니즈(해결할 문제):



· 날짜/시간:
· 참석자:              명/ 남(   ) 여(   )
    니즈:                 직위:              교육수준:
· 장소:
· 사용 기자재:
· 기타 필요한 기자재:              소프트웨어 종류:
· 유인물 형식: 논문식(          ) 프레젠테이션 형식(            )
· 원고 마감일:
· 발표형태: 개인(   ) 팀(   )
· 필요한 정보: 사내-
              사외-
```

2) Blank Chart

Blank Chart는 어젠다를 바탕으로 프레젠테이션의 청사진을 그리는 것이다. 이 차트는 프레젠테이션 시각자료의 구성 순서가 된다. 다음의 그림이 Blank Chart이다. 영업실무자는 어젠다를 작성한 후 이 차트를 만들면 된다.

〈표 2-13〉 프레젠테이션 Blank Chart

·표지/제목	·소개/자격 등	·배경 ·목차/구성 (기대, 가치들)	·목차, 구성 1 주장: 배경: 솔루션: 기대이익: 근거, 사례 행동:
·목차, 구성 2 주장: 배경: 솔루션: 기대이익: 근거, 사례: 행동:		·목차, 구성 2-1 주장: 배경: 솔루션: 기대이익: 근거, 사례: 행동:	
·목차, 구성 3 주장: 배경: 솔루션: 기대이익: 근거, 사례: 행동:		·마무리 마무리 도입: 요약: 주장: 결론: 청중이 얻는 이익: 질의 응답 경청 반복 답변 확인	·최종 마무리 청중이 얻는 최종 이익: 행동 또는 의사결정 촉구:

- 표지와 제목은 영업실무자의 제안을 받아들였을 때 얻는 최종 니즈의 충족 모습(~의 복지향상 방안 등)으로 표현한다. 절대로 자사의 상품 소개, 설명 등으로 표현하지 않도록 하라.
- 소개, 자격은 영업실무자가 자신과 자사의 역량을 소개하는 메시지로 이번 발표와 관련된 대표적인 성과를 중심으로 간략하게 소개한다.
- 배경은 고객이 가진 구매의 배경으로 시장과 고객의 트렌드 등을 중심으로 프리젠테이션에 집중해야 하는 이유와 고객이 구매를 해야 하는 필요성과 이유를 논리적으로 정리한다. 이 단계에서 영업실무자가 가진 고객에 대한 지식의 정도를 가늠할 수 있다. 고객들이 알 수 있는 대표적인 고객이 있다면 그 고객을 언급하는 것도 좋다.
- 목차, 구성은 고객이 구매의 이익을 달성하기 위해 해결할 문제 또는 영업실무자가 자신의 제안으로 해결할 수 있는, 해결할 필요가 있는 고객의 과제를 정리한다. 그리고 발표의 흐름을 미리 알려 주는 것이다.
- 다음으로는 각 업무문제를 해결하는 솔루션(제안할 가치)을 정리한다. 주장은 업무문제를 강조하고 이유는 그 문제를 해결해야 하는 필요성을 언급한다. 그다음으로 상품과 서비스가 어떻게 그 문제를 해결하는지를 근거자료와 사례를 제시하면서 설득한다. 가능하다면 직접 시연하거나 체험하도록 하는 방법을 활용하는 것도 좋다. 고객이 얻을 이익을 동영상 등으로 보여 주는 것도 효과적인 방법이다. 하나의 문제에서 다음 문제로 넘어갈 때는 반드시 앞의 내용을 정리하고 다음으로 넘어간다.

- 마무리에서는 다시 한 번 고객이 얻는 최종이익(근본 니즈의 충족)과 해결하는 문제(생활의 니즈)를 강조하면서 마무리한다. 이때 영업실무자는 여유를 갖고 질의응답을 진행할 시간을 준비하고 예상 질문과 답변도 준비한다.
- 질의응답 후 최종 마무리하면서 고객의 궁극적 이익을 다시 한 번 강조하면서 의사결정을 촉구할 때 사용하는 방법을 활용한다.

5. 프레젠테이션 마무리와 질의응답

1) 마무리

마무리는 영업실무자가 고객에게 어떤 행동을 위한 의사결정을 촉구하는 단계이다. 영업실무자는 프레젠테이션의 막바지에서 고객에게 강력한 메시지로 고객을 설득할 수 있어야 한다. 발표 시간이 다 지났다는 안도감으로 마무리를 대충해서는 안 된다. 그리고 고객이 자신의 발표를 모두 기억하고 스스로 영업실무자가 원하는 결론을 내릴 것이라는 기대를 해서는 안 된다. 명확하게 고객에게 요구하는 행동을 요청해야 한다. 여유를 갖고 충분하게 고객의 이익과 고객이 해야 하는 행동을 강조하면서 마무리하도록 하라. 다음이 그 방법이다.

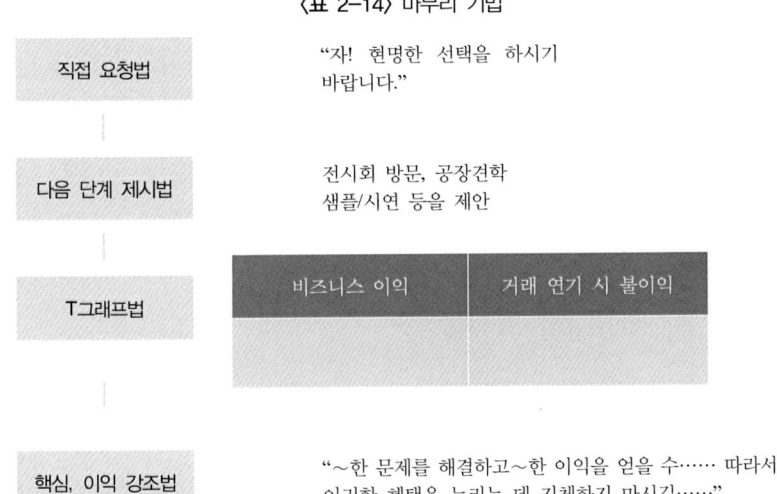

〈표 2-14〉 마무리 기법

직접 요청법	"자! 현명한 선택을 하시기 바랍니다."
다음 단계 제시법	전시회 방문, 공장견학 샘플/시연 등을 제안
T그래프법	비즈니스 이익 / 거래 연기 시 불이익
핵심, 이익 강조법	"~한 문제를 해결하고~한 이익을 얻을 수…… 따라서 이러한 혜택을 누리는 데 지체하지 마시길……"

2) 질의응답

　질의응답은 영업실무자가 마지막으로 넘어야 하는 중요한 단계이다. 고객은 다양한 이유(이익에 대한 확신이 부족하거나 확신을 가지려고, 잘 몰라서, 앞의 내용을 기억할 수 없어서, 자신의 지식을 자랑하고자, 영업실무자의 능력을 확인하고자 하는 의도 등)로 질문한다. 이러한 고객의 질문을 영업실무자는 지혜롭게 처리할 수 있어야 한다. 심지어는 영업실무자가 대답하기 곤란한 개인적인 질문을 하기도 한다. 어떠한 질문에도 프레젠터는 흔들려서는 안 된다.

　그리고 질의응답의 기본은 어떠한 질문이든 고객의 질문을 그냥 흘려 듣거나 무시해서는 안 된다는 것이다. 영업실무자는 다음의 방법으로 질의응답을 할 수 있어야 한다.

① 질문을 받는다

질문을 받으면 인정해 준다. 이는 고객의 말을 경청하고 있음을 알리는 방법이다. 어떠한 질문이라도 놓치지 마라. 비록 개인적인 질문이거나 발표내용과는 상관이 없는 질문이라도 질문을 받고 인정을 해 주는 것이 좋다.

- "참 좋은 질문입니다."
- "훌륭한 질문입니다."
- "핵심을 강조하는 질문입니다."

② 질문을 반복한다

- "지금 ___한 질문이 나왔습니다."
- "지금 질문은~이 궁금하다는 것이지요?"

질문을 반복하는 이유는 질문을 다른 참석자들과 공유함으로써 동일질문이 다시 나오는 것을 방지한다. 질문을 잘 이해하였는지 확인이 가능하다. 질문의 내용에 따라 참석자들의 주의 집중을 끌어낼 수 있다. 고객이 질문에 대한 답을 찾는 데 여유를 가질 수 있다. 고객이 질문을 잘 듣고 있다는 것을 확인시켜 주면서 고객을 존중함을 보여 준다.

③ 질문에 답변한다

- "지금 질문에 대한 답으로……"
- "그럼 답변을 하겠습니다. 저희는……"
- "그 질문에 대한 답은 앞의~부분에서 강조하였으므로 다른 질문으로……" 혹은 "제가 배부해 드린 자료의~페이지를 보시면……"

④ 곤란한 질문에 답변한다(개인적인 질문 혹은 가격 등을 언급할 때)

- "지금 질문은 개인적인 것이므로 발표를 마친 후………"
- "오늘 주제와는 관련이 없는 질문이기 때문에 추후에 별도로 말씀을……"
- "그 부분은 협상과 관련된 내용으로 여기서 공개적으로 말씀드리기에는…… 따로 협상을 하면서………" → 영업실무자에게 유리한 조건에 대한 질문은 그 자리에서 승인함으로써 기정사실화시킨다.

6. 프레젠테이션 시나리오 만들기

영업실무자가 프레젠테이션을 수행하기 위해 위의 어젠다, Blank Chart 등으로 준비를 마쳤다. 그다음으로는 실제 프레젠테이션을 전개하기 위한 시나리오를 만들어야 한다. 이 시나리오는 프레젠테이션의 실제 메시지를 준비하고 구성하며 고객에게 전달할 표현 단어를 하나하나 정하는 것이다.

다음의 구조가 프레젠테이션 발표의 시나리오의 구조이다. 프레젠테이션 시나리오는 오프닝-본론-마무리 세 요소로 구성된다. 각각의 요소를 전달하는 뼈대는 다음의 그림에 설명되어 있다.

[그림 2-12] 프레젠테이션 시나리오 구조

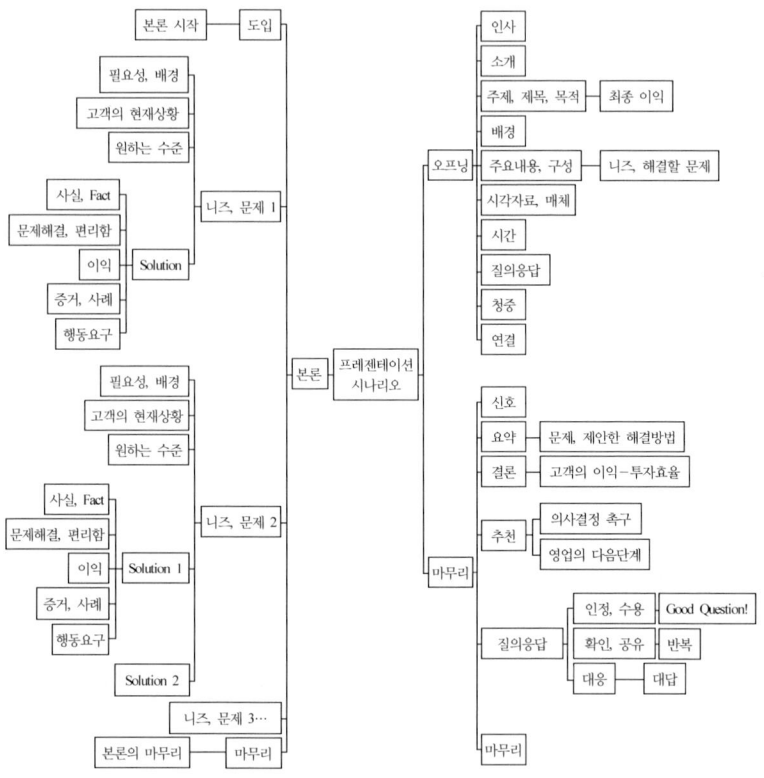

[그림 2-13] 프레젠테이션 시나리오 세부구조

위의 그림이 프레젠테이션 시나리오의 세부구조로 영업실무자가 메시지(살)를 붙일 뼈대이다. 고객에 따라서, 고객의 니즈에 따라서, 설득력 있는 메시지로 살을 붙이면 된다. 효과적인 프레젠테이션을 위해서는 우선 이 뼈대를 기억해야 한다. 그리고 이 뼈대에 붙일 살은 가치개발과 앞의 다양한 표현에서 나와 있다. 각 뼈대에 대해 하나씩 알아보기로 한다.

1) 오프닝

오프닝은 말 그대로 프레젠테이션의 시작을 알리는 단계이다. 오프닝은 고객의 흥미와 관심을 끌어내 프레젠테이션에 집중하도록 하는 것이 목적이다. 그리고 영업실무자의 전문성과 준비됨을 알리는 기회이기도 하다. 고객의 흥미를 끌 수 있는 오프닝을 통해 프레젠테이션의 성공가능성을 높일 수 있을 것이다. 다음과 같이 시나리오 뼈대에 적절한 단어로 살을 붙여 오프닝을 완성하도록 하라.

① 인사

말 그대로 프레젠터로서 영업실무자가 고객과 첫 만남에서 인사를 하는 것이다. 정중하고 차분하게 인사를 하되 말과 인사를 동시에 하지 말고 인사를 한 후 "안녕하십니까!" 등의 말을 하도록 하라. 아니면 말로 인사한 후 행동으로 인사하도록 하라. 그리고 고객이 박수를 치는 등의 반응을 유도하기 위해 잠시(1~2초) 멈추는 것이 좋다.

② 소개

영업실무자의 소속과 조직을 소개한다. 이때 소개는 이번 프레젠테이션과 관계된 사례와 조직의 역량 혹은 영업실무자의 능력(영업성과 등)을 중심으로 간략하게 소개한다.

③ 주제, 목적 → 최종이익

고객이 영업실무자의 제안을 받아들여 고객이 얻는 최종이익, 상승니즈의 충족 모습을 제목으로 정하고 이 단계에서는 그것을 다시 한 번 강조한다.

"오늘 프레젠테이션의 목적은 ○○○ 님들의 미래안정을 위한 재테크의 방법을……"

④ 배경, 필요성

- 여기서는 고객의 거시환경과 시장의 동향, 고객군의 트렌드 등을 고객에 맞게 3~4개 정도 정리해 강조한다.
- 고객이 프레젠테이션을 듣거나, 영업실무자의 제안을 수용해야 하는 이유와 가치를 언급한다.
- "최근~한 분들은……, 그리고 미래에 대한 불안감으로…… 따라서 이러한 문제해결에 대한 욕구가 강해지고 있다."

⑤ 주요내용, 구성 → 구매니즈, 해결할 문제

- 프레젠테이션의 목적 달성을 위해 고객들이 해결한 문제, 고객의 상승 및 유지니즈, 솔루션(가치개발)의 종류를 강조한다. 각각에 대한 설명은 본론에서 진행할 것이므로 여기서는 제목만 강조

한다.

- "따라서 오늘 프레젠테이션은 총 4개로 구성…… 첫째는 작은 비용으로 최대의 보장을 받을 수 있는 방법과 둘째는 이익률 강화를 통한 투자 수익의 강화……"
- 경험이 적은 영업실무자는 여기서 고객의 반응이 좋지 않으면 당황해 본론에서 할 이야기를 하는 경향이 있다. 고객의 흥미를 끌어낼 충분한 시간이 뒤에 있으므로 여기서는 핵심만 강조하도록 하라.

⑥ 시각자료

- 특별한 시각자료나 고객이 프레젠테이션 중간에 참여할 수 있는 기회가 있으면 사전에 알리는 것이 좋다.
- 시연, 체험, 시각자료로서 동영상 등을 강조한다.
- "오늘 그 이해를 돕고자 중간에 직접 저희 상품에 가입을 해~한 이익을 얻은 고객 한 분의 동영상을 통해 보다 사실적인 이익을 알 수 있도록……"

⑦ 시간

프레젠테이션의 발표 시간을 확인하고 알리는 단계이다.

"오늘 프레젠테이션은 총 20분간 진행을……"

⑧ 질의응답

고객의 질문을 프레젠테이션 중간에 받든 마무리 단계에서 받든 이것은 영업실무자의 재량이다. 하지만 고객은 자신이 궁금해하는 사안을 확인할 수 있는 기회를 알고 싶어 할 것이므로 미리 그 방법을 알려 주는 것이 좋다.

"오늘 발표에 대해 궁금하신 점이 있으시면 따로 질의응답 시간을 드릴 것입니다. 그때……"

"발표 중 궁금하신 점이 있으며 언제든……"

⑨ 청중

- 청중에 대한 칭찬이나 덕담을 한마디 던진다.
- 지나친 유머는 자제하도록 하라. 유머 때문에 발표 시간을 소비해서는 안 된다.

⑩ 연결

오프닝을 마무리하고 본론을 시작한다는 신호를 보내는 것이다.

"그럼 본론으로 들어가도록 하겠습니다", "우선 첫째로……"

영업실무자는 위의 오프닝 멘트를 1분에서 1분 30초 정도로 마무리할 수 있어야 한다. 훈련과 교육을 해 본 결과 이 정도의 시간이면 충분하다. 따라서 오프닝에서 너무 많은 말을 하거나 정보를 두서없이 나열식으로 말하지 마라.

오프닝에서는 고객들의 긍정적이고 적극적인 반응이 곧바로 나오지 않는다. 이는 고객들도 약간은 긴장하고 있고 영업실무자의 비즈니스 능력과 프레젠테이션 능력(자신들의 문제와 솔루션의 연결 수준 정도)을 잘 모르기 때문이다. 따라서 오프닝의 목적(흥미유발, 관심유도)만 달성한다는 생각으로(설득은 본론에서 충분한 시간으로 가능함으로) 간단하면서도 전문적인 느낌을 갖도록 진행하도록 하라.

2) 본론

본론은 말 그대로 프레젠테이션의 핵심으로 고객들을 설득하는 것이 목적이다. 영업실무자는 이 본론에서 고객의 니즈를 충분히 충족시켜 주어야 하고, 고객의 신뢰를 얻기 위해 다양한 사례와 자료 등으로 내용을 채워야 한다. 필요하다면 직접 체험하도록 할 수도 있다. 기존고객의 사례들을 사진이나 동영상으로 설득력을 강화할 수도 있을 것이다. 이 본론은 오프닝의 구성을 하나씩 세부적으로 전달한다.

① 제안, 니즈, 문제
- 영업실무자의 솔루션 제목 혹은 고객이 해결할 문제
- 두세 개를 묶지 말고 하나씩 구체적으로 강조
- 오프닝 구성의 하나

② 배경, 필요성
- 왜 고객이 이 문제를 해결해야 하는지, 왜 솔루션(가치개발)을 검토해야 하는지를 강조

③ 고객의 현재 상황
- 고객의 현재 상황, 처한 환경을 강조 → 고객의 눈높이에 맞춰서

④ 원하는 수준
- 고객이 원하는 문제해결의 모습을 강조

⑤ 해결방법인 솔루션(제품지식의 논리적 전달)
- 사실: SPEC
- 문제해결
- 이익
- 근거, 사례

⑥ 행동요구: 고객들이 앞의 이익을 누리기 위해 해야 하는 행동 또는 조치
- 고객이 위의 이익을 위해 해야 하는 행동을 언급한다. 각각의 솔루션에 대해 행동을 요구할 수도 있고 본론의 요약에서 필요한 행동을 제안할 수도 있다.

본론이 프레젠테이션의 핵심이듯이 영업실무자는 최선의 준비로 고객의 니즈를 충족시켜 고객의 의사결정에 영향력을 미쳐야 한다. 충분한 시간의 기준은 없지만 제대로 준비를 한다면 20분 정도의 시간이면 충분할 것이다.

3) 마무리

마무리는 오프닝과 다르게 고객의 행동을 촉구하는 것이 목적이다. 본론에서 설득을 위해 다양한 사례와 근거를 들어 설명하였다. 고객

들도 자신들이 가진 문제를 해결하고 목표 달성의 가능성을 판단한다. 어떤 의사결정을 해야 하는지 의문을 가진다. 심지어는 결정을 망설이기도 한다. 이때 영업실무자는 자연스레 고객이 얻는 이익을 다시 강조하면서 고객이 해야 하는 행동(구매의사결정 혹은 다음의 영업단계 약속 등)을 촉구한다. 그리고 고객이 가진 의문 혹은 궁금증을 해결해 주어야 한다. 다음의 표현을 참고하여 확신을 주는 마무리를 하라.

① 요약
- 본론의 주요 구성을 강조한다.
  · "이상으로 ○○○ 님들의 미래안정을 위한 4가지 비용 절감, 수익 향상~에 대한 솔루션(가치개발)을 몇몇 사례를 들어 말씀을……"

② 결론
- 고객의 최종이익을 강조한다.
  · "이 4가지의 문제를~한 수준으로 해결함으로써 보다 안정적인 미래설계에……"

③ 추천
- 고객이 행동을 요구
- 영업실무자의 다음 영업단계를 제안
  · "그럼 지혜로운 결정을 기대……"
  · "저희는 다음 단계로 직접 시뮬레이션을 통해서……"

④ 질의응답
- 질의응답의 시간은 반드시 갖도록 하라.
- 질의응답은 앞에서 강조한 방법으로 진행한다.

⑤ 마무리
- 질의응답이 끝나면 영업실무자는 최종적으로 프레젠테이션을 마무리한다. 그냥 "이상으로 프레젠테이션을 마치겠습니다. 감사합니다"라고 하지 마라
- 고객이 얻는 이익을 재차 강조하면서 마무리하라. 가능하다면 고객이 얻는 이익을 시각자료로 보여 주면서 마무리하는 것도 좋은 방법이다. 고객들이 잘 알 수 있는 기존고객의 동영상을 짧은 시간 보여 주면서 프레젠테이션을 마무리하는 것도 좋은 방법이다.

앞에서도 언급하였지만 프레젠테이션은 영업실무자가 갖추어야 하는 중요한 대고객 커뮤니케이션 능력이다. 개인적인 경쟁력 강화를 위해서도 반드시 이 능력을 쌓고 강화하도록 하라. 기회가 있을 때마다 연습하도록 하라. 연습을 통해 완벽한 기술로 만들어야 한다.

1. 프레젠테이션은 영업실무자의 또 다른 중요한 능력이다.

2. 프레젠테이션은 다수 고객을 한 번에 설득할 중요한 기회이다.

3. 성공적인 프레젠테이션은 많은 준비와 연습을 요한다.

4. 주변의 유능한 프레젠터로부터 성공 노하우를 배운다.

5. 프레젠테이션은 상담의 연장선상으로 매우 공식적인 비즈니스 활동이다. 따라서 영업실무자의 프레젠테이션 능력은 종합적인 비즈니스 능력을 공개적으로 검증받는 기회이다.

6. 프레젠테이션 구조를 개발하고 시나리오 작성 및 연습을 통해 유능한 프레젠터가 되어야 한다.

7. 프레젠테이션의 질의응답은 프레젠테이션을 마무리하는 중요한 기술 중 하나이다.

송균석

현) 건국대학교 경영학과 교수
글로벌경영학회 부회장
한국상품학회 부회장
한일경상학회 부회장

저서) 『지식경영의 시대(역서)』
『NON 호모 이코노미쿠스』 등

노진경

현) SMi-Lab세일즈마스타 대표
한국생산성본부 지도교수
한국표준협회 경영전문위원
한국HRD교육센터 교수
한국HRD교육방송 세일즈아카데미 교수
조세일보 세일즈컬럼리스트
한국영업관리학회 상임이사
한국대강소기업상생협회 전문위원

저서) 『영업달인의 비밀노트』
『영업협상! 이렇게 준비하고 끝내라』 등

B2C영업 기초 [2018 개정판]

초판인쇄 2018년 1월 15일
초판발행 2018년 1월 15일

지은이 송균석·노진경
펴낸이 채종준
펴낸곳 한국학술정보㈜
주소 경기도 파주시 회동길 230(문발동)
전화 031) 908-3181(대표)
팩스 031) 908-3189
홈페이지 http://ebook.kstudy.com
전자우편 출판사업부 publish@kstudy.com
등록 제일산-115호(2000. 6. 19)

ISBN 978-89-268-8188-0 13320

이 책은 한국학술정보(주)와 저작자의 지적 재산으로서 무단 전재와 복제를 금합니다.
책에 대한 더 나은 생각, 끊임없는 고민, 독자를 생각하는 마음으로 보다 좋은 책을 만들어갑니다.